FRAGMENS
D'UN
VOYAGE
SENTIMENTAL ET PITTORESQUE
DANS
LES PYRÉNÉES.

FRAGMENS
D'UN
VOYAGE
Sentimental & Pittoresque dans les
PYRÉNÉES,
OU
LETTRE
ÉCRITE DE CES MONTAGNES.

Par M. de St. Amans.

C'est-là que la nature, & plus riche & plus belle,
Signale avec orgueil sa vigueur éternelle ;
C'est-là qu'elle est sublime.....
      Saint Lambert, *Poême des saisons.*

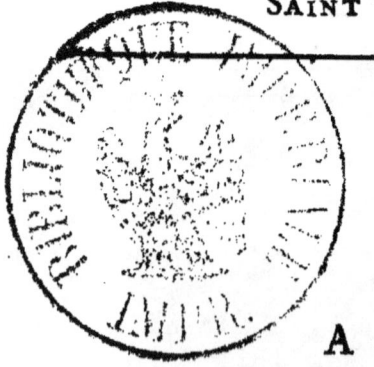  

A METZ,
Chez Devilly, Libraire, Rue Fourni-rue.

1789.

FRAGMENS

D'UN

VOYAGE

SENTIMENTAL ET PITTORESQUE

DANS

LES PYRÉNÉES.

À la Société réunie de mes Amis les plus intimes.

J'ACQUITTE aujourd'hui près de vous, mes chers amis, les engagemens de mon cœur, & vous prie d'agréer l'hommage qu'il ne ceſſa de vous adreſſer tous les jours de mon abſence.

Des réflexions bonnes ou mauvaiſes ſur ce que j'ai bien ou mal vu ; des deſcriptions faites à la hâte ſur les lieux même que j'ai

A

décrits : quelques courses dans les montagnes où mon esprit s'est exalté ; quelques recherches d'histoire naturelle où il s'est peut-être égaré : des événemens ordinaires, des détails minutieux ; ajoutez-y nulle prétention, de la bonne foi, une vérité rigoureuse : si tout cela peut vous plaire, ou mériter votre indulgence, lisez.

Je vous fais grace des deux premiers jours de route d'Agen à Toulouse, & de mon séjour dans cette derniere ville ; mais je ne puis m'empêcher de vous entretenir un peu de Lévignac, où des circonstances particulieres que vous connoissez, m'ont obligé d'aller passer vingt-quatre heures.

Lévignac est un village à quatre ou cinq lieues de Toulouse. On n'y voit rien de remarquable que l'élégante maison de M. Dubarri, & celle des Dames de la congrégation de St. Maur, vulgairement appellées *Dames noires*. Je ne vous dirai rien de la maison de M. Dubarri ; mais je vous parlerai du pensionnat des *Dames noires*. Quoique sa fondation ne remonte encore qu'à peu d'années, il jouit déja d'une grande célébrité, c'est l'école de la sagesse & de la raison ; c'est l'école des meres de famille, & des femmes comme il seroit à souhaiter qu'elles fussent presque toutes. L'essentiel cependant n'y fait point négliger l'agréable : on y trouve de bons maîtres dans tous les genres. De la salle de dessein où l'on travaille sous les yeux d'une de ces dames, je passe dans la salle de musique, où préside une Demoiselle aggrégée. Arrêtons-nous ici ; mais ne croyez pas que je puisse jamais vous dire combien je suis ému, combien je suis transporté, hors de moi-même. J'avois écouté, j'avois applaudi plusieurs éleves qui chantoient ou jouoient du *piano forte* avec beaucoup de complaisance & d'agrément. La supérieure fait un signe. Aussi-tôt avec un accord infini, avec une harmonie céleste, tout le pensionnat entonne à la fois un hymne en action de graces pour les divers bienfaits que l'Etre suprême a répandus sur notre existence. C'étoit cent voix enfantines & pures ; c'étoit un chœur d'Echo & Narcisse du célebre

Gluck (1), auquel on avoit adapté des paroles religieuses. Cet hymne avoit quelque chose d'attendrissant, de solemnel, dont je ne puis rendre l'idée : il portoit dans l'ame une sorte d'émotion qui provoquoit de douces larmes. Ah ! que bien peu de fois en ma vie j'ai été aussi fortement ému que je le fus dans ce moment, sans que personne autour de moi se doutât qu'il étoit possible de l'être !

Le local de cette pension est superbe. La maison n'est pas belle quoique spacieuse ; mais le parc est fort étendu, & l'air excellent. Le nombre des éleves est considérable ; toutes ont l'air de contentement & de gaieté qui annonce le bonheur, & convient à la jeunesse heureuse.

Oublierons-nous la Botanique ? J'ai herborisé dans les bois ou retour de Lévignac ; c'est-à-dire, que j'ai marché dans les taillis qui bordent quelquefois la route.

---

(1) Celui qui commence ainsi ; *le Dieu de Paphos & de Gnide.*

Ces taillis font remplis de Cifte à feuille de Sauge. J'y ai trouvé auffi le Mélampyre des prés, le Mélampyre crêté; & le long du chemin, la Vipérine italique, le pied d'Oifeau délicat, & le *Bunias Erucago*, duquel M. de la Marck a fait une *Cameline*.

Il y a deux chemins à prendre pour fe rendre de Toulouse à Barége; le premier par Auch eft le plus court & le plus fréquenté; le fecond par Cominges, eft moins connu des voyageurs; c'eft en faveur de celui-ci que je me décide.

Le 30 de Juin, je pars de Toulouse, je dîne à Noé, je couche à Martres. A une lieue environ de ce dernier village, étant defcendu de la voiture, & marchant dans le chemin, je remarquai deux colonnes de pierre enclavées à moitié dans le mur d'une maifon (je crois que c'eft la derniere avant d'arriver à Martres); ces colonnes font chargées d'infcriptions qui m'ont paru très-anciennes. Je n'ai pu les copier, ni même les lire, à caufe de la mâçonnerie dont elles font en partie recouvertes.

Nous avons traversé ce matin Muret, petite ville à quatre lieues de Toulouse, fameuse dans l'Histoire du Languedoc par une sanglante bataille entre Simon-de-Monfort & Pierre, roi d'Arragon, qui y fut tué. Cela remonte à la guerre des Albigeois; c'est-à-dire, au 13e. siécle.

La Centaurée galactite, *Centaurea galactites*, qui depuis Valence en Agénois nous avoit fidélement accompagnés sur la route, nous a quittés cette après-midi.

Le 1er. de Juillet, nous entrons dans les premiers défilés des montagnes par un vallon charmant. Des collines très-élevées bordent des deux côtés ce large & fertile vallon. En face se présentent majestueusement les hautes pyramides des Pyrénées, dont les sommets sont encore couverts de beaucoup de neige. Rien de si superbe que ce coup-d'œil. Il est six heures du matin. L'air est embaumé, pur & tranquille, les rossignols chantent de toutes parts : je voudrois ici un poëte.

A huit heures, la scene change, sans devenir moins belle. Le chemin nous fait tourner à l'Ouest. Nous revoyons la Garonne. Hélas ! elle n'est plus qu'un large torrent ! une petite ville se présente ; il y a des manufactures de gros draps ; c'est Saint-Marthory. Au-delà de cette jolie petite ville, la Garonne se rapproche beaucoup de la route, qui ne peut s'en éloigner parcequ'elle se trouve resserée en cet endroit contre des rochers qui défient tous les ingénieurs de l'univers. Ces rochers sont amoncelés d'une maniere effrayante. La Garonne roule tumultueusement ses eaux à vingt toises de profondeur sur d'énormes cailloux; au dessus de nos têtes, de menaçans quartiers de pierre qui semblent n'attendre qu'un souffle du Zéphyr pour écraser les voyageurs ; à nos pieds une infinité de plantes odoriférantes & rares, tel est le lieu de la scene : avec le poête il me faudroit un botaniste.

Mais que vois-je ? de l'autre côté de la Garonne un château gotique s'éléve sur des rochers qui plongent dans l'eau du jeune fleuve : avec le poête & le botaniste, il me faudroit un dessinateur.

Nous continuons notre route à travers des

campagnes fertiles & bien cultivées, les hautes Pyrénées font fur notre gauche. Nous voyons divers villages dans lefquels régnent l'air de l'aifance & de la gaîté; nous arrivons à Saint-Gaudens; nous y dînons.

C'eft à Saint-Gaudens, chef-lieu du Néboufan, que s'affemblent les Etats de ce territoire, fi l'on peut s'exprimer ainfi. Quel diminutif des Etats de Bretagne ou de ceux du Languedoc ! le Néboufan ne renferme que cinquante-huit communautés; la feule élection d'Agen en contient cent quarante. Ici, comme dans les villages des environs, fe fabriquent des étoffes de laine, qui font une des principales richeffes du pays. Plus de vignes. Nous avons trouvé hier & aujourd'hui des voiturins *de la montagne*, qui vont chercher à Touloufe du mauvais vin pour le vendre fort cher à leurs compatriotes, & plus cher, fans doute, encore aux étrangers.

Saint-Gaudens eft un gros village, que fes habitans ne font point difficulté d'appeller ville. Ville ou village, tout y refpire un air de richeffe & de profpérité qui fait plaisir : telle est l'influence du commerce, outre les étoffes de grosse laine, dont j'ai parlé, on exporte encore de Saint-Gaudens de la bonneterie & des grains.

Même air de propreté & d'aisance à Montréjeau. La plupart des maisons y sont couvertes d'ardoise, & d'ailleurs bien bâties. On y jouit de la plus belle vue du monde, les Pyrénées paroissent en amphithéâtre au-delà de la Garonne : les premieres chaînes couvertes de fougeres, les autres de bois ; les dernieres de neige. Au pied de ces montagnes est une plaine riante & fertile dont on ne peut détourner les yeux. Un pont de bois traverse la Garonne au bas de Montréjeau. Oh que cette riviere est ici petite fille ! comme elle a l'air de se presser d'aller voir nos cantons ! je lui donne mes commissions pour vous, sans exiger cependant qu'elle aille vous trouver dans vos demeures. Rien de si agréable que le port de Montréjeau. On est enchanté de l'air d'activité qui l'anime. Lorsque j'y descendis en herborisant le long d'un sentier couvert d'arbres, trois cent Montagnards de tout âge étoient occupés à la construction de plusieurs radeaux. Quelques unes de ces piles de bois flottantes doivent partir demain pour Bordeaux : plus heureux que moi, les Montagnards qui les conduisent, vont voir nos rivages, nos plaines, nos villes de la Guyenne; ils passeront sous vos fenêtres, & peut-être..... Mais il est inutile de vous ennuyer de mes regrets.

Le 2, ah! quel affreux chemin ! il est pavé de gros cailloux qui portent à chaque instant notre voiture aux nues. Au surplus, le pays est toujours charmant ; les Pyrénées sont toujours sur notre gauche, & nous les serrons toujours de plus près. Malgré cela je maudis mille fois la route : tous les animaux voiturans, voiturins & voiturés, demandent grace. Depuis Saint-Gaudens le chemin s'étoit gâté; sans doute, ces détestables cailloux nous fatiguoient; mais ici, mais depuis Montréjeau, le cahottement est à son comble. A cela près le voyageur est satisfait.

Nous retrouvons les vignes ; non pas huchées sur des Erables comme avant Saint-

Gaudens, mais sur des arbres fruitiers : cela vaut mieux sans doute. Presque toutes les portes & les fenêtres des maisons sont encadrées de marbre plus ou moins gris, toutes les femmes sont coëffées d'un chaperon plus ou moins rouge. Nous dînons à Tournaï.

Le peuple singuliérement industrieux dans ce pays y cultive presque toute espece de denrée nécessaire à la vie. Ici l'on voit le bled, sarrasin, pommes-de-terre, le millet, à côté du froment, de l'avoine, du maïs; de sorte que le ris excepté, l'on trouve dans cette contrée tous les grains, toutes les plantes alimentaires qu'on cultive en Europe. Il est vrai que l'habitant de ces régions montagneuses jouit à peu près de toutes les expositions & de tous les climats.

Quant à Tournaï, ce village, qui fut autrefois environné de murailles, est du diocèse de Tarbes. Nous y dînons; voilà tout ce que j'en dirai.

A deux heures après-midi, nous voici sur la route de Tarbes. Depuis mon retour d'Amérique, je n'éprouvai jamais une si horrible chaleur. On étouffe, on meurt dans la voiture : veut-on marcher & prendre le grand air, on respire des flames. Nous pourrions inférer delà que dans ce pays, dans cette saison, il ne faut voyager que la nuit.

— Monsieur, voilà Tarbes, c'est une jolie ville, me dit le postillon. Je regarde aussi-tôt. — Quelle riviere passe sous ce pont ? — Monsieur c'est l'Adour. — Sur ce pont on voit le nom des consuls de l'année 1743 ou 44, qui, sans doute, le firent bâtir. Au dessus de l'inscription instructive, s'éleve un globe monté sur une espece de pivot, & qui quoique chargé de trois belles fleurs-de-lis, semble une tête à perruque. A propos de l'Adour, je remarquerai, parce que ici je m'en rappelle, que la Garonne porte des bateaux jusqu'à Martres ou Montespan, au dessus de Toulouse ; qu'elle porte des radeaux jusqu'à Saint-Béat ; & qu'au dessus de Saint-Béat elle ne porte plus rien. Tout ce qui concerne l'histoire de cette riviere nous intéresse.

On connoît assez Tarbes. Je n'ai pas vu

de ville qui eut l'air auffi propre, auffi riant. C'eft Saint-Gaudens, c'eft Montréjeau, embellis, agrandis, fitués dans une belle plaine, & fur une route très-fréquentée. Même air d'aifance, même architecture, même peuple; feulement plus civilifé. A demain la vraie route de Barége.

Etant defcendu de voiture pendant l'après-midi, j'ai recueilli la Mauve-Alcée. Elle fixe de loin les regards par fes belles fleurs pur-purines, ou couleur de rofe, & donneroit feule au botanifte qui la rencontre pour la premiere fois, l'idée de l'affinité qui régne entre le *Geranium* & les *Mauves*. Le premier coup-d'œil fuffit ici pour indiquer le rapprochement naturel de ces plantes, lors même qu'on feroit fans obfervations à cet égard, & qu'on ignoreroit le précieux travail de Monfieur l'abbé de Cavanilles, fur la *Monographie* de ces deux genres. L'Alcée Mauve, par la fleur & par le fruit, eft *Geranium* par les feuilles.

Le 3, on m'éveille à grand bruit dès la pointe du jour; nous voilà dans la campagne. Elle eft toujours comme hier, comme avant-hier; belle & riante. Le marché de Tarbes, qui se tient aujourd'hui, pave la route de paysans, de bourgeois, de curés. Tous ont un air riche & satisfait, bien agréable pour le voyageur qui les lorgne à moitié endormi du fond de sa caleche. Nous trouvons une infinité de voitures *de la Montagne* chargées de bois, d'ardoise, de marbre, de corbeilles d'osier adroitement travaillées; & toujours des chaperons rouges, toujours des chaperons rouges; cela ne finit pas. Quelques-unes de ces femmes sont fort jolies; toutes ont le coloris de la santé. Qu'il y a loin de ce teint à celui des artisans exténués qui respirent l'air infect des grandes villes! en faisant des réflexions tant & plus sur ce sujet, il se présente devant nous une espece de précipice dans lequel il faut descendre; c'est Lourde. A droite de ce précipice, sur un roc, est le château. Ce château est assez célebre dans l'histoire des lettres de cachet pour que je n'en parle pas. Je dirai seulement que du premier coup-d'œil on le reconnoîtroit à sa structure, tant il a l'air de ce qu'il est; d'un lieu consacré pour le

ERRATA.

SPARDILLE, lisez par-tout où vous trouverez ce mot, *SPARTILLE*. C'est une espece de chaussure de toile en usage dans les Pyrénées, & qui n'est autre chose que la chaussure antique. Ce mot paroît dériver du Grec σπάρτον, ou du Latin *Spartum*, sorte de gramen, que Linné a nommé *Stipa tenacissima* & dont on fait des étoffes, avec lesquelles on a sans doute fabriqué les premieres *Spartilles*.

despotisme grand ou petit, aux regrets, aux larmes & au désespoir. Juste ciel ! passons vîte ; ceux qui m'ont regardé des lucarnes grillées de leur donjon, voudroient bien avoir le même privilege.

Trois heures ont sonné. Je pars de Loùrde ; je pénétre enfin dans les Pyrénées par les détroits sinueux qui doivent me conduire demain à Barége. Quel pays ! on ne sait si la nature est ici plus sublime que riante, ou plus riante que sublime. Tout y est pittoresque, animé, ravissant ; tout y inspire l'enthousiasme au poëte, au naturaliste. L'un & l'autre cependant y restent en extâse. La lyre & le crayon échappent de leurs mains ; ils ne peuvent suffire à l'admiration lorsqu'il faudroit chanter ou décrire. Mais est-il besoin d'être doué d'une imagination active, ou d'étudier avec ardeur l'histoire naturelle, pour éprouver en entrant dans ces merveilleuses régions, un transport qui vous enleve à vous-même ? Non, sans doute ; l'ame la plus froide, l'esprit le plus stérile, le moins observateur, ne peuvent s'empêcher d'être émus, d'être frappés au premier aspect de ces montagnes.

Dès notre arrivée dans ces défilés, nous avons vu des torrens impétueux à nos pieds, & des rochers menaçans au deſſus de nos têtes. Après cette ſcene effrayante, nous deſcendons ; un pont de marbre ſe préſente ; nous ſommes dans la vallée d'Argellée. Des points de vue délicieux, des boccages charmans, des prairies, des ſites dont on ne peut rendre l'idée ; d'une tranquillité, d'une fraîcheur qui pénétroient dans les veines : des terres cultivées avec toute l'intelligence poſſible, voilà pour le champêtre & pour l'agréable. Devant, derriere, à côté de nous, des montages qui ſurmontent les nues ; des torrens qui ſe précipitent de leurs cîmes, la plupart de ces montagnes couvertes de neige ; une nature impoſante, majeſtueuſe, ſublime juſques dans ſes caprices, voilà pour le grand, le terrible. C'eſt ainſi que dans la vallée d'Argellée la nature eſt ſans ceſſe en oppoſition avec l'art ; qu'à côté d'une prairie dont l'irrigation eſt dirigée avec toute l'induſtrie imaginable ; d'un champ cultivé ſuivant les principes de l'agriculture la mieux entendue ; à côté d'une moiſſon abondante,

contraſtent

contrastent toujours des cascades, des torrens qui roulent avec fracas dans un lit incertain, des forêts sombres, des précipices effrayans, & des espaces où la main de l'homme n'asservira jamais la nature. Est-il donc surprenant que saisi de terreur, enchanté tour-à-tour, sans cesse dans l'admiration de tout ce qui se présente à ses yeux étonnés, le voyageur qui, pour la premiere fois, pénetre dans ces montagnes, marche, sans s'en appercevoir, des lieues entieres, & qu'il arrive à son gîte sans être fatigué. C'est ainsi du moins que j'ai fait aujourd'hui : plus occupé de ce que je voyois que de moi-même, je volois d'enchantement en enchantement, & me suis trouvé, sans y penser, à Pierre-Fitte, où je dois passer la nuit.

Cette belle vallée d'Argelles est peuplée d'arbres énormes. J'ai eu l'occasion de mesurer plusieurs chênes, châteigners & noyers qui avoient six pieds de tour ; les autres arbres que j'ai observés sont des peupliers, des frênes, des cérisiers. Aucun orme ne s'est offert à moi : tant mieux ; cela vient

B

à l'appui de mon mémoire sur la maladie qui détruit cette espece d'arbre aux environs d'Agen (1).

On apperçoit des sapins au dessus du village de Pierre-Fitte. Ce sont les premiers que j'ai vus de ma vie. Je ne saurois vous dire avec quel plaisir j'ai admiré, quoique de bien loin, ces anciens habitans des montagnes, ces rois des forêts de l'Europe, dont le domaine se resserre chaque jour.

Revenons à Pierre-Fitte. A peine étois-je rentré dans le village, qu'une jeune fille, aussi blanche que le lait, dont elle fait sans doute sa principale nourriture, est venue me présenter des fleurs. Timide encore, elle approchoït les yeux baissés, elle approchoit en tremblant. Rassure-toi, fille ingénue, ne doute plus de tes succès ; tu t'adresses au plus fidele amant de Flore. Aujourd'hui ton hommage, quelqu'intéressé qu'il soit, & n'eussai-je point été Botaniste, auroit toujours excité dans mon cœur une

---

(1) Ce Mémoire a été publié dans le Journal d'Histoire naturelle, 1789; n°. 5, pag. 257.

sorte de reconnoissance : j'aime, & sur-tout j'aime dans ces montagnes tout ce qui a l'air de l'hospitalité. Je vous le demande, ô mes amis, vous dont l'ame est susceptible de s'égarer avec la mienne dans de douces illusions, ne vous semble-t-il pas qu'en ces lieux, accueillir ainsi l'étranger, l'homme inconnu, c'est lui dire : » Nous » te voyons avec plaisir parmi nous. Nous » t'offrons les fleurs de nos champs, puis- » sent-elles devenir le gage de la joie que » tu nous causes ! ce que la nature nous » donne de plus brillant, de plus agréable, » nous le partageons avec toi, pour te fixer » dans cet asyle. Les objets même qui com- » posent ce léger tribut, doivent te prou- » ver d'avance que tu trouveras chez nous » l'innocence & le bonheur «. Tel fut du moins autrefois dans de pareilles circonstances, le langage tacite de la bonhommie & de la primitive simplicité, lorsque la misere & la cupidité, filles du luxe, n'avoient point encore corrompu les vertus hospitalieres des tems antiques. Or, vous m'avouerez qu'une jeune & jolie fille, qui semble exprimer tous ces sentimens, & qui s'adresse au *spectateur champêtre*, dans un moment d'émotion, je dirois presque de délire, méritoit bien la petite récompense qui fut le prix de son bouquet.

Le 4, c'en est fait; je suis à Barége. C'est à travers de précipices effrayans, de prairies charmantes; c'est en cotoyant des ruisseaux limpides, ou des torrens écumeux; toujours dans le paysage le plus pittoresque, que j'ai gagné l'une des plus horribles demeures de l'univers.

Barége n'a, pour ainsi dire, qu'une seule rue; il est à 66 toises au-dessus du niveau de la mer, dans un vallon, comme l'on voit très-élevé, dirigé de l'Est à l'Ouest, & formé par la cîme encore plus élevée de plusieurs montagnes. Un gave roule ses eaux avec fracas le long de ce village, composé peut-ête de cent maisons qui sont resserrées entre le gave turbulent & la montagne opposée couverte d'arbres jusqu'à une grande hauteur; on connoîtra le local, d'après cette peinture : on connoîtra le climat, quand on saura que le jour de la Saint-Jean, le terrein avoit disparu sous quatre pouces de neige, & qu'au premier octobre, souvent plus-tôt, tous les habitans de ce séjour descendent à Luz, pour ne revenir qu'au premier mai. Ce qui peut faire regarder Barége comme une colonie intermittante, alternativement habitée par les hommes & par les ours.

Le 5, un brouillard froid & stillant a régné durant la nuit, & la journée ; tems froid, humide, & d'une tristesse affreuse, qui me rappelle la fin de novembre en Agénois, ainsi lorsque le soleil dessèche vos plaines, que les vêtemens les plus légers vous semblent insupportables, j'appelle à mon secours *l'Alpaga*, *la Vigogne*, & deviens à Barége un véritable *ériophore* ; puisqu'il est tombé de ma plume, faites-vous, Mesdames, expliquer ce mot Grec (1).

Le 7, j'ai été herboriser ce matin sur la montagne située au S. E. de Barége,

___
(1) εριοφορος *Laniger* ; porte laine.

& jusqu'au-de-là du hameau de Piers. J'ai rapporté la Bugrane gluante, l'Érine des Alpes, le beau Panicaut - Améthiste, & quelques autres plantes. Le chemin étoit bordé d'Ibéride-aniere, de Géranium-sanguin, de Thim, & de violettes-Tricolors. J'ai aussi trouvé de l'Amiante, & du *Spath-Romboïdal* en masse.

Le 8, herborisation dans le bois au midi, & au-dessus de Barége. Ce bois que l'on conserve précieusement parce qu'il retient les lavanges qui détruiroient bientôt & les bains & le village, est rempli de plantes assez rares, j'en ai rapporté plusieurs que j'inscris sur mon catalogue. Ce bois protecteur est d'abord formé de hêtres, puis de sapins. Il est interrompu à quelques centaines de toises au-dessus de Barége par un plateau très-étendu, couvert d'une belle pelouse, avec quelques arbres & quelques rochers isolés. C'est un délicieux séjour; un séjour romantique, selon le vrai sens du mot Anglois transporté dans notre langue par les traducteurs du théâtre de Shakespeare. Romantique, si je m'en souviens bien, est plus que pittoresque. Comme cette derniere expression, la premiere donne l'idée du contraste qui résulte des grands effets de la nature ; de ces oppositions variées propres à être saisies par le génie des arts, & qui commandent toujours la surprise & l'admiration. Mais elle ajoute de plus l'intérêt que l'ame peut prendre à ces heureux effets de la nature, en s'amollissant à leur aspect ; celui que l'imagination peut y attacher en peuplant la scene d'êtres moraux qui lui donnent lieu de revenir sur le passé, de s'élancer dans l'avenir, ou même de se fixer sur le tems présent par une douce & tendre rêverie. A ce titre si l'on refuse encore l'épithéte de romantique au plateau dont je parle, le beau gazon qui le décore, la riche verdure des arbres qui l'ombragent, les quartiers de rochers roulés çà & là qui le varient, les labyrinthes naturels qu'il recéle, les eaux vives qui l'animent, enfin la paix, la solitude qu'on y retrouve, tout contribue du moins à le rendre sans dispute l'un des séjours les plus délicieux de l'univers.

Le 9, M. Pasumot ingénieur du roi, distingué par ses grandes connoissances en Minéralogie, & célébre par plusieurs mémoires imprimés dans le journal de phisique, m'ayant permis de l'accompagner, nous sommes montés avec quelques autres amateurs, sur la montagne au midi de Barége, par l'endroit nommé l'héritage à Colas, de ce charmant héritage, nous nous sommes élevés sur les bords d'un énorme ravin, dans les bois qui ceignent la montagne, & qui font partie de ceux que j'ai visités hier; j'y ai trouvé une grande quantité de belles Véroniques: l'Airelle-Mirtille en abondance, l'Arboufier-Busserole, le Rossolis à feuilles rondes, sur lequel j'ai vérifié l'observation de M. Broussonet relativement à un mouvement analogue à celui de la *Dionea-Muscipula* (1).

Le 11, à deux heures après midi, le tems étant clair & serein, quoiqu'un peu chaud, (le thermomètre étoit à 26 degrés

---

(1) Journal de phyfique, Mai 1787.

au-dessus du zéro) nous partîmes M. Pasumot, M. Costé, le nommé Saunier valet de chambre de Mme Amelot, & un homme chargé de quelques provisions & de nos habits, pour escalader le pic de Leyrey. Après avoir traversé la région des hêtres, celle des sapins & des fougeres ; nous parvînmes à cinq heures du soir, au sommet de ce pic qui domine, de sa tête chauve, le bois conservateur de Barége dont j'ai parlé dans mes deux dernieres herborisations. Le thermomêtre étant constamment descendu depuis notre départ, n'indiquoit que douze degrés de dilatation sur *le sommet secondaire du Pic*. Ce sommet est couvert d'une pelouse très-fine. A peine y fumes-nous parvenus, qu'appercevant sur notre droite la cîme primitive de ce pic plus élevée & totalement composée de rochers arides disposés en aiguilles, le sieur Saunier & moi formâmes le projet de l'aller visiter. Ayant donc allégué le prétexte de vouloir reconnoître la neige sur l'arête qui joignoit les deux cîmes, nous laissâmes MM. de Pasumot & Costé avec l'homme aux provisions sur le premier sommet, & prenant nos habits en écharpe, nous nous dirigeâmes vers notre nouveau but. Chemin faisant, nous passâmes sur la neige ; ensuite nous élevant au dessus de cette neige, nous commençâmes à gravir. Le sieur Saunier fit un circuit du côté de l'Ouest, j'aurois dû le suivre ; mais comme je n'avois pas considéré combien ce détour facilitoit la montée, j'allai droit devant moi du côté de l'Est, non sans quelque danger ; car je gravissois par fois dans une situation presque perpendiculaire. Ayant cependant ainsi gagné une assez grande hauteur, n'appercevant plus MM. Pasumot & Costé, sur le premier sommet, que réduits à la taille ordinaire des enfans de huit à dix ans, & me trouvant excessivement fatigué de ce que j'avois entrepris sans trop de réflexion & de prudence, je m'assis, je revêtis mon habit, & je jettai un coup-d'œil sur le sommet au dessus de ma tête, qui me parut encore éloigné de quelques vingtaines de toises. Ici j'admirai pendant deux ou trois minutes les pics hérissés des

Pyrénées, la plupart couverts de neige, auſſi loin que ma vue pouvoit s'étendre. Spectacle impoſant & magnifique qui le devenoit encore davantage par l'oppoſition tranchante de la lumiére & des ténebres, effet naturel de l'abaiſſement du ſoleil ſur notre horiſon : cet aſtre briſant alors ſes rayons ſur les cîmes des montagnes qu'il rendoit éblouiſſantes, les vallées enſevelies dans l'ombre ne paroiſſoient plus aux yeux que des gouffres où régnoit une nuit profonde. Cependant ayant encore regardé au deſſus de moi, je vis Saunier, qui moins fatigué à cauſe du détour qu'il avoit fait, gagnoit le dernier ſommet que nous nous étions propoſés d'atteindre.—A merveille, M. Saunier ! mais je ne vous ſuivrai pas : il convient de garder le reſte de mes forces pour le retour, devenu difficile du haut point où je ſuis monté ; il eſt déja tard ; je ne puis eſpérer de trouver aucune plante ſur des rochers auſſi arides. Faire ces réflexions dans la poſition où je me trouvois alors, c'étoit ſans doute ſe préparer à deſcendre. Je deſcendis en effet, preſque épuiſé de laſſitude, & rattrapai la neige d'où j'étois parti. L'inftant d'après MM. Pafumot & Cofté abandonnant le premier fommet, vinrent me rejoindre. Nous attaquâmes nos provifions, même notre vin, au frais dans la neige, & le bûmes, faute d'eau mêlée, avec cette même neige. Enfuite j'herborifai un inftant. Je recueillis aux environs plufieurs anémones, différens faules, & d'autres plantes, qu'on ne rencontre que dans les lieux les plus élevés des montagnes où la végétation eft établie. Bien fâché d'avoir feulement paffé, pour ainfi dire, dans un endroit auffi riche, je le recommande aux Botaniftes, qui, plus favorifés par les circonftances, y viendront après moi.

Mais le fieur Saunier eft de retour de fa promenade. Nous voici tous raffemblés ; il faut tenir confeil pour favoir par quel chemin nous reviendrons à Barége. M. Pafumot décide que nous prendrons le côté de l'E. par la vallée qui conduit vers le pic *d'Aftafon*. Il étoit alors fept heures un quart : le foleil nous éclairoit encore ; mais la vallée où nous allions defcendre étoit dans l'obfcurité. Nous marchâmes quelque tems dans une pente très-rapide à l'aide de nos bâtons ferrés. Cette maniere est fatigante. Pour nous reposer, nous prîmes le parti de nous asseoir, & de nous laisser glisser à l'aventure dans la déclivité de la montagne. Il est impossible d'exprimer la sensation agréable qu'on éprouve en s'abandonnant de la sorte dans les descentes les plus précipitées, pourvu qu'elles soient couvertes de gazons. Tantôt coulant sur une pelouse douce & fine, nous croyions nager en suivant le cours toujours égal d'un fleuve majestueux ; tantôt emportés dans une herbe si élevée, que nous ne pouvions nous voir les uns les autres, nous appellant sans cesse pour ne point nous séparer, évitant les arbrisseaux, les blocs de granit, & tous les obstacles imprévus, il nous sembloit voguer parmi les écueils & les dangers sur des mers orageuses. C'est ainsi que nous franchîmes avec une vîtesse inconcevable, avec une espece de délire même, & sans péril, les pentes les plus escarpées. Je remarquai en passant *l'Anthericum Liliastrum* de Linné, dont M. de la Marck a fait l'Ornithogale liliforme ; le Lys Martagon, un grand nombre de Belles *composées*, desquelles je ne pouvois me charger, & qu'avec bien du regret je laissai sur ce nouveau rivage.

Parvenus enfin dans la vallé, nous entendîmes M. Costé qui étoit resté à l'arriere de la colonne, & que nous dirigions vers nous en l'appellant par intervalles ; il nous répondit, & nous continuâmes d'aller en avant, parce que l'obscurité devenoit à chaque instant plus grande. Poursuivant, presque au hasard, notre chemin, nous passâmes en descendant toujours sur des rochers ébranlés, pendant l'espace d'une demi-lieue, ensuite nous nous arrêtâmes à un parc où des bergers rassembloient les troupeaux, qui, des montagnes voisines, venoient se réunir en ce lieu pour y passer la nuit. Il ne m'appartient pas, sans doute, de vous donner une idée juste de ce parc; cependant représentez-vous, s'il est possible, une enceinte composée de rochers, entassés sans mortier, & délabrés en plusieurs endroits ; voyez au milieu de cette enceinte une tannière construite d'après la même architecture où l'on faisoit du feu sans cheminée ; voyez la fumée s'échapper en tourbillon, pressée par la porte, très-basse & très-étroite. Dans cette tannière est un recoin où les bergers couchent sur des herbes séches, enveloppés de leurs capes. Auprès de ces espéces de ruines, se précipite, avec un fracas épouvantable, le torrent qui descend de l'extrémité supérieure de la vallée, & qui doit son origine aux neiges qui couronnent les montagnes des environs. Figurez-vous ces montagnes énormes très-rapprochées en cet endroit : montagnes que la nuit rendoit encore plus affreuses, & qui ne nous laissoient appercevoir qu'une très-petite partie du firmament au dessus de nos têtes ; figurez-vous les vaches, les chévres, les brebis, qui de tous côtés arrivoient avec des clochettes pendues à leur cou, dont le son triste & lugubre inspiroit une secrette horreur. Elles venoient toutes prendre place dans ce réduit sous la garde des chiens protecteurs, couchés aux pieds des bergers ; figurez-vous enfin ces bergers eux-mêmes : c'étoient de grands hommes robustes, grossiers, noirs comme la nuit qui nous dérooit leurs traits, rudes comme le pays qu'ils habitent. En réunissant ces tableaux, en imaginant que nous les avions tous à la fois sous les yeux, vous ne serez point surpris de ce que nous crûmes un instant être transportés parmi les *Kalmoucs*, ou les *Usbecs*, sur les confins de la Tartarie. Cependant ces bergers, tous rustres qu'ils étoient, nous offrirent du lait. Il venoit d'être tiré des vaches, nous étions excédés de fatigue, nous profitâmes de l'occasion, & en bûmes avec un plaisir inexprimable. Durant ce tems, M. Costé nous rejoignit. Mais quel désordre affreux régnoit dans son habillement. Je ne sais comment vous le peindre : jusqu'à sa bourse & son argent, il avoit tout laissé après lui dans la montagne; hors son amabilité, sa résolution & son courage ordinaire qui ne l'avoient point abandonné. Après un moment de repos il fallut quitter ces bons, mais ces effroyables bergers, pour nous remettre en route. Elle fut extrêmement fatiguante, & nous ne rentrâmes

mes à Barége qu'à neuf heures du soir.

Remarquez avec moi, mes chers amis, que le sommet du pic de Leyrey n'est composé que de roches schisteuses, & que tous les blocs roulés qu'on rencontre depuis le fond des Gaves jusqu'à une certaine hauteur sur cette montagne, ne sont absolument que des granits (1). Il est donc évident que les montagnes dont il s'agit avoient originairement des sommets de granit au dessus des Schistes dont se trouvent formés les sommets actuels, & que la décomposition de ceux-ci, leurs éboulemens, ont occasionné celui des granits primordiaux. Il est encore évident que ces granits, avec tous les débris qu'ils ont entraînés dans leur chûte, ont jetté les fondemens des plateaux inférieurs, ou montagnes secondaires, qui se

---

(1) M. Darcet, dans son excellent discours sur l'état actuel des Pyrénées, dit & répete en deux endroits, page 15 & page 39, que la granit se trouve à nud sur la cîme du pic de Leyrey. Comment se peut-il donc que nous n'y ayons vu absolument que des Schistes ?

C

voyent par-tout fur le flanc des montagnes primitives, d'où il paroît qu'il s'eft paffé de terribles révolutions dans les Pyrénées, & qu'elles font actuellement dans un état de décrépitude qui les claffe parmi les montagnes de premiere formation ou de toute antiquité.

Le 12, j'ai recueilli le *Teucrium Pyrenaïcum*, ou la Germandrée des Pyrénées, cette jolie plante, fe diftingue dans la nombreufe famille des *Labiées*, par les lobes de la lévre inférieure de fa corolle : deux de ces lobes font violets ; celui du milieu eft de couleur blanche ou jaunâtre.

Le 14, à peine les premiers rayons du foleil avoient doré les fommets de nos montagnes, que nous fommes partis pour le lac d'*Efcoubou*. M. Dufaulx, muni d'un guide, & fi connu dans la république des lettres, qu'il fuffit de le nommer, conduifoit la colonne ; M. Pafumot venoit enfuite avec MM. Debiré, Cofté, Collet, l'humble botanifte fermoit la marche. Tel eft, à peu près, l'ordre dans lequel nous fommes montés au deffus de Barége, vers l'Eft, par un chemin, qui comme tous ceux du pays, ne permet point à deux voyageurs d'aller de front; & qui nous conduisoit ainsi, les uns à la suite des autres, jusqu'à la vallée située au dessous du lac que nous allions visiter. Alors tournant au Sud pour entrer dans cette vallée, nous avons eu à droite & à gauche le spectacle des cîmes élevées des montagnes schisteuses, semblables à celles que nous avons vues le 11, & dont la base est couverte de granits roulés. Le chemin, qui montoit toujours, étoit aussi presque toujours embarrassé de ces granits, ainsi que les lits des Gaves qu'il nous fallut traverser à plusieurs reprises. Parvenus enfin à l'extrêmité de la vallée que nous avons estimée être à trois lieues de Barége, nos chevaux débridés sont restées dans une prairie, & nous avons dirigé notre marche vers le sommet qui devoit nous montrer le lac d'*Escoubou*. Ce sommet, creusé en entonnoir, est surmonté d'autres cîmes très-élevées. Le lac qui occupe ce vaste entonnoir, reçoit les eaux de deux ou trois autres lacs supérieurs que nous n'avons pas reconnus, & verse les siennes du côté du Nord pour former un des Gaves latéraux qui vont grossir celui de Barége. Ses eaux sont très-limpides, & ses bords très-accessibles dans toute la partie du Nord. J'en ai fait le tour. Il a 1500 pas de circonférence, compensation faite de toutes les petites sinuosités que je n'ai pu suivre avec les détours que j'ai été obligé de prendre à cause des anfractuosités qui m'y forçoient. Tout le côté du Sud est hérissé de granits entassés qui ne me permirent qu'avec beaucoup de peine, & même avec danger, de suivre cette partie du lac.

Après avoir un peu réparé nos forces par un repas frugal, MM. Costé, Debiré & Collet, sont montés avec moi sur le sommet du *l'Escoubou*. J'en ai rapporté des grenats ferrugineux, mais très-bruts. Pendant notre exécution MM. Pasumot & Dufaulx, gravirent une éminence qui forme la digue du lac vers le Nord, & y resterent jusqu'à notre retour.

Il étoit quatre heures après-midi lorsque nous nous rejoignîmes ; il en étoit sept quand nous fûmes rendus à Barége.

J'oubliois le plus intéreſſant de la journée. Les prairies que nous avons traverſées au retour de notre promenade étoient remplies de troupeaux. Nous marchions : Que vois-je ſur le bord du chemin ? Un agneau qui vient de naître. Il eſt encore tout étonné de ſon exiſtences, tout ébloui de la lumiere ; il commence à vivre & reſpire en tremblant. Près de lui, la brebis ſa mere & le berger : l'un répand du ſel à pleines mains ſur la toiſon humide du pauvre petit animal, comme ſi la tendreſſe maternelle avoit beſoin d'être excitée ; l'autre s'efforce de prouver par ſes careſſes que cette précaution de l'homme eſt un outrage fait à la nature. Quel tableau pour le génie de Sterne; lui dont le génie pouvoit tout oſer !

Le 15, il eſt ſix heures du ſoir, j'arrive du Pic du Midi. Dieux quelle énorme montagne que ce Pic ! & qu'il fatigue ceux qui vont lui rendre viſite ! quel chemin pour y arriver ! quels éboulemens affreux ! quels torrens ! quels précipices ! le ſouvenir de ces lieux horribles, mais ſublimes, le ſouvenir seul porté encore l'effroi dans l'ame.

A trois heures du matin, M. Pasumot, les mêmes curieux que la veille, l'escarpeur Saunier, qui s'étoit joint à notre troupe & moi, sommes partis à cheval. A six heures nous étions sous le *Tourmalet*, ayant à notre droite le pic de *Covero*, celui de *la Campana della val*, effectivement fait comme une cloche, & le pic de *Lespade* qui forme la vallée de Barége (1), tournant au Nord. Nous commençâmes à mon-

---

(1) Suivant les cartes de Géographie, le vallon supérieur, ou si l'on veut, la vallée dans laquelle Barége est situé, doit s'appeller la vallée de Bastan, du nom du gave qui la parcourt de l'E. à l'O, & la véritable vallé de Barége est celle de Gavarnies. Mais l'usage a prévalu contre ces dénominations anciennes & bisarres : on appelle aujourd'hui tout uniment vallée de Barége celle qui renferme le bourg de ce nom, & vallée de Gavarnies, celle qui conduit à ce dernier village. Malgré l'exactitude Topographique, j'ai cru devoir suivre ici l'usage, puisqu'il est général & raisonnable.

ter les premiers degrés du pic du Midi, que nous avions devant nous, couronnant de sa cîme toutes les cîmes des environs. En montant nous trouvions de tems en tems des plaines très-étendues couvertes de prairies charmantes, où pâturoient paisiblement des troupeaux sans nombre, la plupart sous la garde d'un seul chien. Au bout d'une heure & demie environ, la pente devenant de plus en plus difficile, nous mîmes pied à terre. Enfin, avec bien de la fatigue, nous gagnâmes le lac qui gît au bas du pic ; ce lac se nomme le lac de *Onché*. Horriblement escarpé de toutes parts, nous ne pûmes d'aucune maniere en mesurer la circonférence ; mais il est aisé de connoître qu'il est moins considérable que celui de l'*Escoubou*.

Après avoir déjeûné sur le bord d'un autre petit lac antérieur, & dans le voisinage d'un pont de glace sous lequel s'échappe le gave, qui prend naissance au lac de *Onché*. Nous commençâmes à gravir le sommet de la montagne, ayant tous pris l'équipage des escarpeurs ; c'est à dire, une simple veste, l'habit en bandouliere, les spardilles, le bâton ferré. Nous montâmes d'abord par un sentier qui suit vers l'Est un quart de la circonférence du lac, jusqu'à 60 ou 80 toises d'élévation. Ce sentier très-étroit est dangereux & difficile. Si le pied venoit à manquer sur les débris de schiste & de granit, sur les rocailles mobiles dont il est pavé, nul doute qu'on ne fût perdu sans ressource. Après avoir franchi ce passage, le sommet du pic se présentoit devant nous dans un ciel parfaitement serein, & sembloit avoir acquis une hauteur nouvelle. D'espace en espace, de grandes écharpes de neige varioient son aspect à nos yeux : rien de si beau, de si magnifique, de si imposant que ce spectacle. Nous étions encore ici tous rassemblés (1), mais en montant, nous nous séparâmes. Le sieur Saunier & moi laissâmes imprudemment sans doute le reste de la troupe,

---

(1) A l'endroit nommé *la Hourquete des cinq ours*.

sous la conduite de Bergés notre guide, qui donnoit le bras au digne & savant M. Dusaulx. Bientôt nous nous élevâmes presque perpendiculairement. On nous cria que nous ne prenions pas la bonne route ; mais l'intrépide Saunier répondit qu'il la trouveroit bien, & nous continuâmes d'escarper dans la direction que nous avions prise. Lancé comme je l'étois, au point d'avoir une descente aussi considérable que périlleuse à faire, pour rejoindre la colonne, le seul parti qui me restoit, étoit de persister à gravir par le plus court chemin, qui devoit me conduire au sommet du pic. Saunier qui, sans doute, avoit raisonné de même, ou qui n'avoit point raisonné, alloit toujours en avant. Je montois quelquefois sur ses traces ; quelquefois par des routes qui me sembloient d'abord plus aisées que celles qu'il avoit prises ; mais qui se trouvoient ensuite tout aussi escarpées quand j'y étois parvenu. Enfin les forces commencerent à m'abandonner, je m'assis sur un quartier de rocher situé perpendiculairement au-dessus du lac de *Onché*, & considérai ce lac comme un gouffre, comme un sépulchre ouvert, prêt à me recevoir ; si, dans les environs, je faisois quelque chûte ou maladroite ou malheureuse. Il est certain que ma perte étoit inévitable, si j'avois eu la moindre distraction. Si j'eusse seulement glissé sur un espace de quelques pouces, j'aurois infailliblement roulé dans le lac ; de plus de quatre cens toises de hauteur. Triste & dangereuse réflexion à faire, dans la position où je me trouvois ! N'ayant cependant point perdu la tête, je recommençai à monter ; tantôt dans des rocailles qui cédoient sous mes pas, tantôt dans une espece de gazon dur, piquant, très-lisse, que je ne m'amusai point à déterminer, & sur lequel, ainsi que sur les rocailles il falloit me cramponer soigneusement avec le bâton & les ongles. Bientôt, au milieu de ce travail, que mes lecteurs doivent partager, si je leur inspire quelque intérêt, je me sentis une seconde fois excédé de fatigue. C'en est fait, me dis-je alors à moi-même, je me décide à ne pas gravir plus haut, quelque chose qu'il arrive ; & je reſtai immobile, la pâleur de l'épuiſement ſur les lévres, le tourment du déſeſpoir dans le cœur. Ma détreſſe étoit extrême. Au-deſſous de moi, j'appercevois le reſte de la caravane montant par une route facile, & que je comparois à celle que j'avois priſe. Bien éloignés d'être réduits à une extrèmité ſemblable à la mienne, je voyois ces Meſſieurs avancer lentement, mais ſûrement ; ayant toujours à leur tête le guide Bergés. Au-deſſus de moi Saunier atteignant preſqu'à la cîme du pic, m'appelloit à grands cris. Il ne ſe doutoit pas de ma ſituation, il m'encourageoit à le ſuivre, & j'étois forcé de lui répondre triſtement que cela m'étoit impoſſible. Telle étoit la poſition où je me trouvois ; ſuſpendu pour ainſi dire, entre le ciel & la terre, par le moyen de mon bâton ferré; qui dans cette occaſion me ſauva la vie.

Enfin après environ un demi quart d'heure de repos, s'il en eſt dans une perplexité pareille, j'éprouvai un mieux ſenſible ; & mes forces ſemblerent ſe rétablir. La réſolution ne me manquoit pas. J'avois eu le loisir d'accoutumer mes yeux aux sommets des environs qui déja s'abaissoient devant moi ; je m'étois familiarisé avec les précipices, l'aspect du lac, les horreurs de toute espece, en un mot : j'osai me résoudre à périr ou à gagner cette fois le sommet de la montagne. Dans le même instant, Saunier qui venoit de descendre quelques toises, m'ayant encore invité à faire ce dernier effort, je me remis sur pied, avec plus d'assurance que vous n'en attendez de mon état, & que je n'en attendois moi-même de mon courage. Oh, mes amis ! quelle fut ma surprise, lorsque je m'apperçus que j'avois réellement passé le plus difficile, & que les rochers accumulés jusqu'à la cîme du pic, ne présentoient plus que des sortes de gradins, où l'on pouvoit presque se tenir dans sa situation naturelle, & se diriger avec facilité ! C'est dans l'espece d'enchantement, qui résultoit pour moi de cette découverte, que j'atteignis le terme de ma course. Alors Saunier montant vers l'E., je continuai de gravir par le S. ; & nous arrivâmes à la fois fur le dernier fommet. Là, par un mouvement naturel, enchantés de nous voir au bout de nos pénibles & dangereux travaux ; nous nous donnâmes la main, en figne de félicitation mutuelle.

Notre premier foin fur ce redoutable pic fut de jetter les yeux du côté du Nord & du Nord Oueft, où nous ne vîmes qu'efcarpemens & que délabremens affreux. Un épaulement de neige s'élevoit à quelques pieds de hauteur du côté de l'Eft. Des brouillards occupoient toutes les vallées, & nous n'appercevions que les fommets des montagnes, qui, pour la plupart bien au deffous de nous, paroiffoient néanmoins au deffus des nuages comme les isles dans la mer. Du côté du Sud les montagnes étoient prefqu'entiéremenr à découvert. Je les comparai aux vagues de l'Océan Atlantique pétrifiées fubitement au milieu d'une furieufe tempête. Ayant donné un certain tems à nos réflexions fur ce fommet, nous remarquâmes autour de nous plufieurs noms gravés ; nous y vîmes, entr'autres, celui de M. Darcet, infcrit à bien jufte titre ; celui de Son Eminence le Cardinal de Rohan; celui de M. le chevalier de Puivert, avec la date de 1787. La plus ancienne signature que je remarquai étoit de l'annnée 1734. Nous gravâmes aussi la nôtre sur une des roches schisteuses & micacées de ce sommet, comment s'y refuser? Elles sembloient nous présenter leurs surfaces unies, pour recevoir nos noms dans cette région élevée & peu fréquentée des mortels. A peine étendus sur cette cîme (qui peut former un plateau de 12 à 15 pas de long sur 8 à 10 de large) avions-nous fini d'écrire la date de notre expédition, que tout-à-coup nous entendîmes une voix de tonnerre qui nous disoit, *ce que vous faites là ne paroîtra plus au mois de Mars*. Ayant levé les yeux de dessous nos grands chapeaux, pour voir d'où venoit l'oracle, nous apperçumes près de nous, non sans émotion & sans étonnement, un homme de près de six pieds de haut, quarré à proportion, une carabine brillante sur l'épaule, & qui sembloit être tombé subitement de la région Ethérée. Cet homme ayant été dans l'instant environné de quatre autres dans le même équipage, nous leur demandâmes après les complimens ordinaires, ce qu'ils venoient faire fur ce pic. Le premier & le plus apparent de la troupe, nous apprit qu'ils étoient des chaffeurs du village de Beaudeau près de Bagneres ; qu'ils alloient à la pourfuite des Ifards, (*Chamois*) (1) ; qu'ils avoient paffé la nuit dans la montagne, où ils avoient gravi du côté du Nord, en efcarpant les précipices, & que n'ayant point encore vu ce qu'ils cherchoient, ils étoient difpofés à refter fur ces fommets jufqu'à ce qu'ils puffent remporter le prix de leur chaffe. De pareils perfonnages fur le pic du Midi excitoient mon admiration. Quels gens que ces Montagnards ! quels obftacles pourroient les arrêter ! Au premier coup-d'œil ils nous firent remarquer fur la neige, la trace des Ifards à l'Eft de la mon-

---

(1) *Capra, rupicapra.* Lin. Sift. Nat. 95. *Habitat in Alpibus Helveticis fummis inacceffis*, dit Linné ; les Chamois font au moins auffi communs dans les Pyrénées que dans les Alpes de la Suiffe.

tagne, & bientôt à l'Ouest les Isards eux-mêmes au nombre de vingt-cinq ou trente, que nous comptâmes à l'aide d'une lunette dont ces chasseurs étoient pourvus. Dans le moment, ayant apperçu une espece de cabane construite avec des schistes un peu au dessous de nous, ils partirent brusquement; dans quatre sauts, ils l'eurent atteinte, & nous inviterent à les suivre pour nous mettre à l'abri d'un vent très-froid qui souffloit avec violence. C'est de cette cabane presqu'entiérement remplie de neige, que nous vîmes venir de loin notre troupe par un long détour. Les Montagnards, après nous avoir offert quelques provisions desséchées qu'ils portoient avec eux, nous proposerent d'aller aider nos compagnons de fortune à gravir jusqu'à la cabane ; mais leur ayant répondu que cela n'étoit point nécessaire, nous continuâmes à discourir. Le grand Montagnard qui avoit paru le premier, & qui sembloit par son éducation, & par ses habits, être au dessus des autres chasseurs, nous apprit qu'il étoit resté un an à Montpellier étudiant en chirurgie ; qu'il se nommoit

moit Fournier. Sur cela M. Pafumot & M. Coſté arriverent, qui furent bientôt après ſuivis de M. Duſaulx & de notre guide.

Eſſayons à préſent, mes chers amis, de vous donner quelques détails ſur la topographie, & l'hiſtoire naturelle de cette haute montagne. Elle eſt ſituée à quatre lieues de Barége, & l'on peut en compter cinq juſqu'à ſon ſommet. C'eſt la plus conſidérable de toutes les chaînes voiſines : elle ſurpaſſe, comme je l'ai dit, celle des environs, & l'on ne voit que dans un grand éloignement vers le Sud, des cîmes plus élevées ou des pics qu'on pourroit lui comparer ; tels ſont le pic *d'Aſtaſon, les tours de Marboré.* Telle eſt encore cette montagne ſur les frontieres de l'Eſpagne, où l'on apperçoit une anfractuoſité ſinguliere qui repréſente une porte, & que les gens du pays diſent avoir été formée par un coup de pied du cheval de Roland.

L'élévation du pic du Midi a été portée à 1600 toiſes au deſſus du niveau de la mer ; d'autres calculs réduiſent cette élévation à 1441 toiſes. D'après deux évaluations ſi

D

différentes, il paroît qu'on peut regarder la hauteur du pic comme encore indéterminée ; il semble du moins qu'elle n'a pas été fixée jusqu'ici avec le même degré de certitude que celle de plusieurs autres montagnes. En attendant des mesures plus exactes, nous pouvons donc croire ne pas nous éloigner beaucoup de la vérité, en donnant 1500 toises au pic du Midi, comme étant le terme moyen des deux évaluations rapportées. S'il est constant que le pic avoit une couverture de neige de plusieurs pieds d'épaisseur du côté de l'Est, il est aussi très-vraisemblable, vû la forme aigue de son dernier sommet, & les rochers lisses dont il est composé, que cette même neige amoncelée derriere quelque abri sur la cîme avoit été emportée par les vents de tous les endroits qui en étoient dénués. Cette conjecture acquiert une grande probabilité, si l'on réfléchit qu'à plus de 100 & 200 toises plus bas, le pic étoit encore traversé par des bandes immenses de neige, & qu'enfin la neige remplissoit en partie la petite cabane dont nous avons parlé, quoique au-dessous du sommet, & que son ouverture fut dirigée vers le Sud. Or l'on sait que 1500 toises est la hauteur où commence la neige permanente en Europe, ce qui paroît décider la question & trancher provisoirement la difficulté. Quoi qu'il en soit de cette élévation, elle ne peut jamais varier que d'une centaine de toises environ. Eh que font 500 ou 600 pieds de plus ou de moins sur une pareille masse (1).

Ce pic, ainsi que toutes les montagnes que nous avons visitées jusqu'ici est dans un véritable état de destruction. Le granit roulé occupe sa base, & son sommet schisteux se divise en couches, en feuillets diversement inclinés. La partie du Nord, nous l'avons déja dit, est dans la plus grande dégradation. Des masses effroyables de granit se détachent du corps de la montagne, & présentent des précipices dont la profondeur effraye les yeux.

---

(1) M. Darcet a observé le baromètre à 19 pouces 11 lignes sur le sommet du pic du Midi, le 28 d'Août 1774.

Les avenues du pic font couvertes de rofage ferrugineux, *Rhodon dendron* Ferrugineum; de Laureole odorante, *Daphne eneorum*; plus haut l'on trouve la Belle-Gentiane-Grandiflore, *Gentiana acaulis*; le Carnillet Mouffier, *Silene acaulis*, la Renoncule des Pyrénées, *Ranunculus Pyrenœus*; plus haut encore la Statice Capitée, ou Gazon d'Olimpe, *Statice armeria*, & la Gentiane Nivale, *Gentiana Nivalis*; enfin l'on ne rencontre plus qu'un *Gramen*, dont les feuilles font fi dures qu'elles déchirent les doigts. Le regne végétal expire ainfi fur cette haute montagne, & finit par des fimples *Lichens* fur les rochers au-deffus defquels toute végétation fe trouve éteinte.

Le 16, jour de repos, qui doit féparer la fatigue de la veille des travaux du lendemain. C'eft la célebre cafcade de Gavarnies, & la vallée Pittorefque où elle eft fituée que nous allons reconnoître; puis nous reviendrons fur nos traces pour aller faire un tour à Cauterets : telle eft notre itinéraire.

Le 17, conformément au projet que nous

avions arrêté hier, nous partîmes de Barége pour Gavarnies à trois heures du matin, à quatre nous étions dans la petite ville de Lus. Bientôt après nous nous trouvâmes vis-à-vis de Saint-Sauveur, qui se présente de la maniere la plus agréable & la plus riante, au pied de la haute montagne qui le domine de son sommet chargé de neige. Ayant tourné au Midi, nous laissâmes ce village à droite, sur la rive opposée du Gave : Gave, le plus impétueux des Pyrénées, & qui prend sa source à la cascade que nous allions visiter.

A quelque distance du pont de Saint-Sauveur, nous rencontrâmes un Montagnard conduisant un petit ours. Arrêtons-nous! le petit ours est bien lêché, bien aimable; il ne mord point quand on le caresse. — Eh comment faites-vous donc, mon ami, pour lui former ainsi le caractere ? — Oh ! dame c'est que je lui parle avec douceur ; *Donnez la patte B*.....*grrre*..... Nous trouvâmes cette douceur tout-à-fait nouvelle, & passâmes doucement notre chemin.

La vallée que nous parcourons n'a souvent

d'autre largeur que celle du Gave qui l'accompagne, & qui roule ses eaux écumantes à une très-grande profondeur. Elle est couverte de bois, & presque toujours formée par des rochers perpendiculaires, qui semblent se perdre dans les cieux. Il y a ici de quoi admirer à chaque pas ; tantôt, en effet, ce sont des rochers qui pendent en précipices sur nos têtes ; tantôt une cascade bruyante qui se présente sous nos pieds ; tantôt des arbres qui s'élancent horisontalement dans des escarpemens épouventables, & que cependant des hommes téméraires vont dépouiller de leur rameaux, nous arrivâmes ainsi au fameux passage de l'*Echelle*, pratiqué dans un roc entiérement vertical, dont le commencement est indiqué par une inscription qui marque le nom de ceux qui tenterent l'entreprise : parvenu dans ce lieu, on s'arrête naturellement pour admirer l'audace du travail, & la hauteur du précipice. Des quartiers énormes de rocher ont été appuyés sur les aspérités qui se sont rencontrées au-dessous du niveau où l'on vouloit établir le chemin ; ils soûtiennent d'autres rochers d'une moindre dimension; ceux-ci d'autres plus petits encore, qui servent de pavé à cette route hardie. Ainsi suspendu, si j'ose le dire, par l'industrie humaine à 500 pieds d'élévation, on remonte un torrent furieux dont le bruit semble menacer ceux qui veulent pénétrer jusqu'à sa source. Ce bruit des eaux, la hauteur des montagnes, leur rapprochement, la profondeur de l'abîme, les prodiges même de l'art, & l'obscurité de cette étroite vallée, tout cela forme un tableau qui imprime la terreur dans l'ame. Entièrement maîtrisé par ce sentiment, il me vint tout-à-coup l'idée d'une inscription convenable à ce passage, à la fois si dangereux & si pittoresque. La voici telle qu'elle s'offrit d'abord à mon imagination troublée: *Ici le voyageur frémira, mais qu'il se rassure; l'art a veillé pour sa conservation.* M. Dusaulx, à qui je communiquai sur le champ le projet de mon inscription, l'approuva avec son indulgence ordinaire; la traduisit en Latin, puis la remit en François; enfin il donna dans la suite à l'inscription cette forme, que je lui laisse, comme meilleure que la mienne.

Contemple,

ici,

D'une ame ferme & d'un œil assuré,

Depuis le somet de ces monts sourcilleux,

Jusqu'au fond de l'abîme,

Les prodiges de l'art,

Et ceux de la forte nature :

Adouci par l'industrie humaine,

Le fier génie de ces montagnes,

Défend

D'y trembler désormais.

Occupés de cette inscription, nous fimes moins d'attention au périlleux défilé qui, dans plusieurs endroits, n'a pas plus de quatre pieds de large, sur une longueur de près d'un quart de lieue.

La route quoique pénible & difficile, s'élargit ensuite. Elle est même quelquefois riante, & toujours romantique jusqu'à Gêdres où nous avons dîné. Ici l'on voit une curiosité dans le genre de celles de ces contrées : c'est un gave qui sort en cascades répétées entre des rochers accumulés, lesquels forment une grotte ou caverne qui semble construite par les Fées, derriere l'auberge où nous nous sommes arrêtés. Cette cascade est magnifique autant par l'abondance & la limpidité de ses eaux, que par les accessoires qui l'accompagnent. Elle pourroit servir de modele à un tableau qui produiroit le plus bel effet, & par conséquent mériteroit d'être dessinée : quelques-uns de nous l'ont essayé sans succès.

Pendant le dîner un orage est survenu. Cet orage ayant retardé notre départ, nous avons été voir l'église paroissiale. Bâtie sur le plan des anciens temples du paganisme, cette église n'est éclairée que par la porte, & par une fenêtre en abat-jour, qui donne sur l'autel. Une galerie élevée à 10 pieds de hauteur, régne autour de la nef. Une simplicité religieuse orne tout l'édifice, dans lequel nous n'avons trouvé à redire qu'un peu de dorure à l'autel. Le bénitier, situé hors de l'église, est d'*ophite*

Au retour de ce pélérinage le tems a paru s'éclaircir. Nous sommes partis; mais bientôt la pluie & le tonnerre ont recommencé de plus belle. La caravanne s'est séparée. MM.

Dufaulx, Cofté, de la Panoufe, plus courageux fans doute, ont perfévéré dans le deffein de fe rendre à Gavarnies, malgré le mauvais tems ; MM. de Pafumot, de Biré & moi, plus prudens peut-être, sommes revenus fur nos pas. Rentrés à l'auberge de Gêdres, & caufant avec des Montagnards, qui comme nous s'y étoient mis à l'abri de l'orage, l'un d'eux s'eft fervi de l'expreffion *circum circa*, totalement latine, & qu'il a employée dans fa véritable fignification. Ainfi après tant de fiecles, fe confervent ici de nos jours, & fans altération, les veftiges de la langue des Romains. Non-feulement ces veftiges fe trouvent gravés fur le marbre pour atteftter en ces lieux l'ancien féjour du peuple conquérant ; mais ils exiftent encore, comme on le voit, dans la bouche même de l'habitant de ces montagnes. Environ une heure après notre retour à Gêdres, la pluie ayant diminué, nous avons repris la route de la cafcade fur les pas de notre premiere divifion. Le tonnerre grondoit dans le lointain, toujours au gré du même vent qui nous avoit apporté l'orage; devant nous le ciel étoit parfaitement serein. Des trente-deux vents de la bouffole, les Montagnards de la vallée de Gavarnies n'en connoiffent que deux ; celui de France & celui d'Efpagne, qui s'y pouffent & s'y repouffent continuellement, en conféquence de la hauteur des montagnes qui refferrent cette vallée, & de fa direction Nord & Sud.

En partant de Gêdres pour Gavarnies, on ne voit que prodiges, & que merveilles : les accidens les plus extraordinaires de la nature, les contraftes les plus étonnans, les fites les plus incroyables, fe préfentent, fe renouvellent, fe varient à chaque inftant. Si l'on ne peut, pour ainfi dire, fe perfuader la réalité de tant d'effets, de tant d'afpects, de tant d'objets divers, comment fe flatter de les décrire ? C'eft fur-tout lorfqu'on eft parvenu à ce qu'on nomme à jufte titre *le cahos de Gavarnies*, qu'on reconnoît l'impoffibilité de porter jamais dans l'ame de fes lecteurs la plus légere idée de l'émotion qu'on éprouve à la vue d'un fpectacle fi impofant. Bien loin de fuffire ici à l'admiration, le sentiment de sa propre existence vous abandonne. On se trouve environné tout-à-coup par des masses de granit dont quelques unes sont aussi considérables que les plus grands édifices de nos villes. Toutes ces masses éboulées des montagnes voisines sont effroyablement entassées, se soutiennent comme par enchantement les unes au dessus des autres, & représentent les débris d'un monde fracassé. C'est au milieu de ces horribles ruines, que le voyageur étonné doit chercher sa route ; c'est en circulant autour de ces rochers, par un sentier obscur & sinueux ; qu'il doit sortir de ce labyrinthe où tout lui retrace la destruction de l'univers. Tandis que le gave dont les flots sont embarrassés par cet amas de décombres, tonne, se brise mille & mille fois, & dans ses chûtes répétées, ébranle le cahos lui-même, qu'il semble vouloir entraîner dans son cours.

A peine est-on sorti de cet effrayant dédale, qu'on voit à sa droite la cascade *d'ossoua* ; & qu'on s'arrête pour l'admirer. Cette cascade est non seulement remarquable par sa hauteur perpendiculaire, très-considérable ; mais encore par cinq autres cascades qu'elle forme en se divisant. Ces cascades secondaires se perdent quelques toises plus bas, sur des rochers couverts de mousse, se réunissent bientôt; & se précipitent ensuite dans le gave avec beaucoup de fracas. A une demie lieu de cette cascade, en se détournant vers l'E., se présente le pont de Gavarnies. Ce pont, sous lequel écume un torrent furieux, seroit aussi très-digne de fixer l'attention d'un étranger dans ces régions reculées, s'il n'étoit déja pour ainsi dire frappé de stupidité; s'il n'avoit la tête bouleversée à un tel point par tout ce qu'il a vû depuis Gêdres, que rien ne semble désormais pouvoir le captiver, ni mériter son attention dans la vallée. La cascade de Gavarnies, principal objet de son voyage, & qui lui reste encore à visiter, a seule le privilége de l'enlever à cette espece d'anéantissement. Allons observer cette cascade. On l'apperçoit en partie derriere les montagnes dont elle est environnée, & quoiqu'encore à une lieue & demi ou deux lieues de distance; elle attire les regards par sa hauteur & par sa majesté; nous marchons, mais c'est à travers de nouveaux dangers : que nous devons parvenir au pied de l'immense cascade. N'importe, nous marchons. Un gave large, profond, impétueux, divisé en deux branches, se présente. Les chevaux du pays tout accoutumés qu'ils sont au bruit des eaux mugissantes, reculent épouvantés; l'éperon enfoncé dans le flanc peut seul les obliger à gagner la rive opposée. Parvenu sur cette rive, il faut monter; il faut gravir une éminence qui se creuse insensiblement, & d'où l'on découvre bientôt une seconde éminence plus élevée qu'il faut encore gravir. Celle-ci comme la premiere s'évase en *cratere*, & forme le bassin de la cascade. Ce bassin totalement rempli de neige, occupe le fond de la vallée qui se termine ainsi en amphithéâtre demi-circulaire. M. Pasumot accoutumé à juger des distances, & prévenu contre les illusions d'optique si communes dans les montagnes, ne lui donne pas moins de 800 toises de diamètre. A droite de cet amphithéâtre, ce sont des rochers dont les sommets arides s'élancent au dessus des nues, & dont les bases sont couvertes de verdure. A gauche des montagnes tout aussi élevées portent sur leur déclivité des forêts d'antiques sapins. La vaste arêne se présente en face, elle est couronnée par les hautes cîmes de *Marboré*, sur lesquelles l'imagination exaltée voit des châteaux, des terrasses, des donjons, des tours couvertes de neige. Un pont de glace aussi chargé de neige, s'offre dès l'entrée : dans le fond, sur les côtés, d'innombrables cascades tombent de toutes parts, & les sommets des environs toujours blanchis par de nouveaux frimats, semblent se fondre sans mesure dans ce grand réceptacle, éternel séjour de l'hyver. M. Dusaulx comptoit jusqu'à soixante de ces cascades, dont le nombre paroît varier d'un instant à l'autre ; en rassemblant les différens rameaux de chaque gerbe, en les considérant comme les parties d'un seul tout, il semble cependant qu'on peut réduire ces cascades à 14 ou 15 principales. Mais que sont ces chûtes d'eau auprès de la premiere dont nous avons parlé ? Elle seule attache les yeux du voyageur ; elle seule enchaîne toute son attention. Je ne dirai qu'un mot sur cette merveille de la nature. C'est un fleuve qui se précipitant avec une énorme saillie de 6 à 700 pieds de haut, se divise à tel point, qu'il paroît flotter en vapeurs, & dans sa chûte, s'exhaler en fumée. Cet immense volume d'eau que nos yeux voyoient s'élancer en flots accumulés du sommet de la montagne, & que notre oreille étonnée n'entendoit point tomber, se perd cependant sans cesse sur la neige qui remplit l'amphithéâtre. Une partie s'y condense, & l'autre forme le torrent qui s'échappe dans le bassin antérieur sous le pont de glace que nous avons déja remarqué. Ce pont de glace qui se prolonge en voûtes continuées jusqu'au pied de la cascade (1) seroit sans doute un

---

(1) Serons-nous toujours enchaînés par l'usage ? Appellerons-nous encore cascade cette immense chûte d'eau ? Non, sans doute : quoiqu'elle tombe

monument

monument naturel très-curieux à détailler avec exactitude ; mais il se présente à la fois dans ce lieu une si grande quantité d'objets qui commandent l'attention du naturaliste, qu'il ne sauroit y suffire : il faut donc qu'il admire sans approfondir, & qu'il essaie ensuite de peindre sans décrire. Tel fut ici notre chagrin. Nous ne pouvions que regarder les divers, les trop nombreux phénomenes dont nous étions environnés, & c'est l'unique regrêt que nous ayons formé dans cette journée de prodiges. Enchantés comme nous l'étions, la nuit seule & ses ténebres pouvoit nous arracher de ces lieux, par la crainte du danger que le moindre retardement alloit occasionner dans notre retraite. Déja le soleil passé à l'Occident des hautes masses au centre desquelles nous nous trouvions ensevelis, avertissoit

---

en partie à peu près vers les deux tiers de sa hauteur, sur une saillie qui fait le rocher, elle ne doit point être regardée comme une cascade ; mais comme une véritable cataracte, & c'est ainsi que nous l'appellerons désormais.

notre caravanne de penser à son retour, & de se rendre à Gavarnies. Nous nous réunîmes : MM. Costé, Dusaulx, & de Lapanouse, que nous avions rencontrés à la cascade, nous rejoignirent. Nous reprîmes nos chevaux, nous repassâmes le gave, & revînmes plus persuadés, plus pénétrés que jamais de cette vérité, que l'homme & les produits de ces arts dont il se glorifie, sont bien petits auprès des grands effets de la nature.

C'est de l'auberge de Gavarnies, sur les dernieres limites de la France & de l'Espagne, & si je consulte mes yeux au milieu des ruines du globe terrestre, que je me rappelle dans votre souvenir. Le cri des aigles, les montagnes couvertes de neige, les glaces azurées, les précipices, les torrens écumeux, les cascades bruyantes, les cataractes majestueuses, les forêts de sapins, me tournent la tête. Je me crois au bout du monde, & n'ai jamais mieux senti le prix de votre amitié. Qu'il est doux, quand on ne voit autour de soi, rien que de sauvage, que d'étranger, que d'inconnu ; qu'il est doux de reposer son cœur dans celui de ses amis ! puissiez-vous rendre justice au sentiment qui me dicte ces lignes.

Le 18, à peine fut-il jour qu'oubliant & le souper détestable de la veille, & les mauvais lits où nous avions couché, nous fûmes rendre à quelque distance de notre cabaret, un dernier hommage à la cataracte. Elle nous parut encore plus considérable que le jour précédent, sans doute à cause de l'orage que nous avions essuyé, & qui avoit déterminé la fonte d'une plus grande quantité de neige. Que doit être, disions-nous, en lui faisant nos adieux, que doit être de près cette colonne d'eau, puisqu'éloignée d'une lieue & demie ou deux lieues, elle nous semble si prodigieuse ? Mes chers amis, ni vous, ni moi, ne le saurons jamais ; on ne peut l'approcher assez dans aucune saison pour prendre une juste idée de son volume, qui d'ailleurs est sujet à des variations presque continuelles. Des curieux, partis l'année derniere du point où nous nous avançâmes hier dans l'amphithéâtre, marcherent encore pendant une heure entiere; mais quand ils se trouverent à une certaine distance de la cataracte, ils la perdirent de vue à cause de l'épais brouillard qu'elle produit dans sa chûte. L'inspection des lieux & des objets vient suffisamment à l'appui de leur récit (1). M. Pasumot nous fit remarquer ici les trois bassins dont nous avons déja parlé, & nous prouva clairement leur ancienne existence par l'inclinaison des couches de granit opposées à celles des montagnes du fond de la vallée. Ces couches forment réellement trois enceintes évasées, & très-distinctes qui dûrent renfermer autrefois des eaux tranquilles avant que la cataracte eut occasionné leur rupture, en donnant naissance au gave qui les traverse. Aujourd'hui M. Dusaulx accompagna cette observation de tout ce qu'elle devoit inspirer à un philosophe aussi judicieux, aussi

---

(1) Cette périlleuse entreprise a été tentée plusieurs fois, & vient de l'être encore quelques jours après notre voyage, mais toujours avec aussi peu de succès, par M. de Cyran, conseiller au parlement de Toulouse.

éclairé que lui. Chacun de nous joignit ses réflexions aux siennes. Quant à moi, je profitai de ce moment d'indulgence, pour observer à mon tour, qu'en partant de Luz, nous avions trouvé le passage de l'échelle, un chef-d'œuvre visible des efforts de l'art : que bientôt après nous avions rencontré des vipéres & des aspics, vénimeux reptiles, & les premiers que nous ayons vus dans les Pyrénées ; que les gaves, les chûtes d'eau n'étoient nulle part aussi considérables que dans cette vallée ; je remarquai que le cahos paroissoit un labyrinthe fait pour égarer ou retenir le voyageur téméraire qui triomphant de tous les obstacles, auroit pénétré jusqu'à cette région ; que l'Aconit Napel & d'autres plantes, poisons des plus terribles, remplissoient les environs de Gavarnies, & principalement les prairies qui conduisent à l'amphithéâtre. J'observai encore que l'amphithéâtre est le berceau d'où partent ces orages destructeurs, fléaux continuels de la vallée ; ces orages qui, notamment l'année derniere, la ravagerent long-tems avec une régularité remarquable dans leur retour périodique & journalier; ces orages qui la couvrirent des débris récens que le guide Bergés nous a montrés sur la route, comme occasionnés par des lavanches; enfin, je crus pouvoir résumer de tous ces faits divers, que la nature avoit accumulé sur les avenues de Gavarnies les horreurs & les dangers de toute espece; & qu'elle sembloit avoir voulu défendre aux hommes l'accès de ce lieu sauvage, où comme en un sanctuaire auguste, elle déployoit loin des mortels toute sa majesté. Telles furent mes réflexions, après lesquelles il ne nous restoit sans doute rien de mieux à faire que de monter à cheval, & de repartir bien vîte. C'est aussi ce que nous fîmes à travers les brouillards qui nous empêcherent d'aller plus avant sur les terres d'Espagne, ainsi que quelques-uns de nous l'auroient desiré.

Bientôt le cahos, ce redoutable cahos, la plus belle, la plus magnifique horreur que j'aie vue de ma vie, reparut à nos yeux; & la cascade d'*Offoua* que M. Dusaulx trouve presqu'aussi belle que la cataracte de Gavarnies; & les traces des deux Lavanches, qui l'année derniere dévasterent une grande étendue de terrain ; & la belle chûte d'eau du village de Gêdres, que nous fumes visiter encore ; & l'antique église, que nous laissâmes de côté ; & le pont de cir ou de l'artique dont nous n'avons point parlé hier, qui ne doit point cependant être passé sous silence ; & le mémorable défilé connu sous le nom de l'*Echelle* ; enfin la ville de Luz, où M. de Lapanouse reprit la route de Barége, tandis que nous cheminâmes vers Cauteretz.

Environ trois heures après, Pierre-Fitte se présente. Ici plus de ces auberges, qui comme celles de Gêdres & de Gavarnies, ressemblent si fort aux *Posadas* de l'Espagne, aux *Estallages* du Portugal. A peine arrivés, un bon dîné nous est offert : à peine est-il servi, qu'il est dévoré. Nous voilà refaits de toutes nos fatigues.

» Allons, Messieurs, les chevaux sont prêts «! c'est l'honnête bergés qui vient nous arracher à une conversation sur les affaires du tems, & qui nous presse de nous mettre en route. Celle de Pierre-Fitte à Coteretz est superbe. Construite à grands frais sous un rocher menaçant, & sur le bord d'un gave qui nous étourdit, il n'en est point dans les Pyrénées de plus hardie & de plus praticable pour les voitures. Cauteretz paroît. Ce village, beaucoup mieux bâti que Barége, il n'est point abandonné pendant la saison des frimats. Ses abords sont plus agréables; ses montagnes sont moins élevées, plus couvertes d'arbres, d'habitations, & d'autant plus ressemblantes aux *Mornes* de nos isles de l'Amérique, qu'aucun atôme de neige ne blanchit leur sommet.

L'éloignement, l'incommodité, la malpropreté des bains de Cauteretz m'ont surpris. Ceux de César, qu'assurément César le dictateur ne fit jamais bâtir, sont situés à une grande hauteur au-dessus du village; ceux de *la Ralliere* sont à près d'un quart de lieu de distance en remontant la vallée. Plus haut encore vers l'extrêmité de cette vallée, nous avons vu deux cascades : l'une en face; l'autre à droite, entre deux montagnes, & qu'on nomme la cascade de *Mahoura*. Nous visitâmes cette derniere;

il y a bien de l'eau, bien des rochers, bien de l'écume, bien du fracas; mais toute cette eau, tous ces rochers, toute cette écume, tout ce fracas, font bien peu de chofe pour des gens qui viennent de voir la vallée de Gavarnies & fa magnifique cataracte. A quelques toifes de la cafcade de *Mahoura*, on nous fit entrer dans la crévaffe verticale d'un rocher, pour boire de l'eau qu'on nous dit très-chaude. Cette eau très-chaude, en effet, ne fent plus le foye de fouffre dès l'inftant même où l'on vient de la puifer; tant le gaz hépathique fulfureux qu'elle contient eft volatil. Au furplus, rien de curieux dans cette efpece de grotte, où l'on éprouve une châleur affreufe & fuffocante : en y defcendant, je crus entrer dans le *Digefteur de Papin*.

Je n'ai rencontré aux environs de Cauteretz aucune plante rare : fans parler de Barége, Gêdres & Gavarnies font bien plus riches à cet égard; leurs alantours préfentent d'amples moiffons de végétaux dignes d'exciter l'intérêt des Botaniftes. L'Aconit Napal, l'Angélique Silveftre, la Digitale jaune, la Globulaire Cordiforme, le Lys Martagon, le Lys des Pyrénées; beaucoup de Saxifrages, beaucoup de Campanules diverses, s'offrent sans cesse aux yeux des voyageurs. Mais ici quelle différence! Quelle différence, sur-tout de cette vallée vraiment magique de Gavarnies, où je viens de remarquer tant de rapprochemens bifares & extraordinaires. Dans le regne végétal, où le buis des montagnes arides se voit à côté de la Grassete, de la Menthe aquatique; où la Germandrée des rochers touche à la Salicaire des ruisseaux; où l'Asclépiade & la Véronique Officinale des lieux pierreux & incultes, se confondent avec la Parnassie, les Pédiculaires, & les Renoncules des marais! mais il n'est aucun paysage dans la nature qu'on puisse assimiler à Gavarnies; c'est une vallée unique, incomparable.

Le 19, à peine fait-il jour, qu'il faut donner un dernier coup-d'œil aux montagnes de Cauteretz; & partir ensuite. C'est à l'O. le pic d'*Ifé*, qui passe pour le plus élevé des environs; au N., le pic de *monin*, au S. le pic du midi. Ils ont donc aussi à Cauteretz, me direz-vous, leur pic du midi ? Oui, mais ce pic est un grand diminutif de celui que nous avons déja décrit, & qu'on connoit sous le nom de pic *du midi de Bigorre*. On apperçoit une très-haute montagne dans l'éloignement, par dessus la cascade qui termine la vallée, cette montagne située sur les terres d'Espagne est entierement couverte de neige. Les gens du pays l'appellent le pic de *culao* ; voilà tout ce que j'ai recueilli de son histoire. C'est peut-être aux environs de cette montagne de *culao* que fut pris il y a quelques années le lynx, ou loup cervier, *fetis lynx*, dont on a parlé dans le tems, & qui fut envoyé à la ménagerie de Versailles. Cet animal qui n'habite que les forêts les plus septentrionales & les plus désertes étoit encore inconnu dans les Pyrénées ; mais le naturaliste ne doit point être surpris de l'y rencontrer.

Il est cinq heures sonnées, nous laissons ici M. Costé & partons en admirant toujours les avenues de Cauteretz du côté de Pierre Fitte. Le pays étant moins élevé que celui de Barége, la nature y paroît aussi plus civilisée; mais je le répéte encore, les botanistes n'y trouvent point leur compte.

Aujourd'hui Cauteretz me semble peu agréable; je n'y cherche que des plantes. Tout dépend des circonstances; il y a deux ans, vous le savez, vous à qui j'adresse ce journal informe; vous le savez à quel point j'eusse été dédommagé? Il n'eût pas été question de plantes : Cauteretz m'eût offert de vrais amis. Si donc en ce moment je préfére Barége à Cauteretz, j'aurois alors mieux aimé Cauteretz que Barége. Cette réflexion qui m'a presque toujours occupé depuis hier, m'accompagne à Pierre-Fitte. Ici l'on déjeûne, l'on cause un instant; puis l'on remonte à cheval, & l'on arrive à Barége dans l'après-midi.

Le 24, le soleil a brillé un instant ce matin. Les montagnards accoutumés à un ciel triste & sombre, sembloient ne point s'appercevoir de cette belle journée, lorsque les montagnes mêmes avoient l'air de s'en réjouir : avec elles tous les étrangers de Barége paroissoient renaître; mais cette joie n'a pas été de longue durée. Dès neuf heures du matin, les brouillards ont reparu sur les hautes montagnes de Saint-Sauveur; à midi ils couvroient nos premiers sommets, à trois heures ils occupoient déja les cîmes des montagnes secondaires; à cinq heures du soir, tout étoit dans l'ombre, & dans la froide humidité. Malgré l'état de l'athmosphere, impatient d'excercer mes jambes enchaînées par le mauvais tems depuis cinq jours, je suis monté cette après midi au S. de Barége, en gravissant sur les bords escarpés du premier gave à droite: & en allant vers l'E. J'ai été arracher dans le nuage la *saxifrage rude*, la *véronique à épi*, & quelques autres plantes. La couche d'air, où siégeoit le brouillard étoit tranchée si net, que m'étant élevé, sans m'en appercevoir, jusqu'à ce que j'ai eu la tête engagée dans la vapeur, je m'y suis trouvé seulement jusqu'au cou, tandis que la premiere boutonniere de mon habit étoit encore dans l'air pur de la couche inférieure.

Le 29, M. Dusaulx m'a fait la lecture de son voyage de Gavarnies. Quelle différence de ce morceau plein de philosophie, de descriptions & de tableaux de génie, avec l'élégante esquisse faite en jolis vers, en prose agréable qui porte le même titre; & qui se trouve par-tout. Cette derniere relation ne peint rien, n'apprend rien. C'est un croquis charmant, mais de pure imagination, qui pourroit, à peu de chose près, servir pour toutes les cascades ou cataractes des Pyrénées. Quelle différence, dis-je: M. Dusaulx observe quelquefois en naturaliste, peint souvent en poête, moralise toujours en philosophe, & fait un ouvrage précieux sous tous les rapports; tandis que l'auteur de la relation citée, ne se montre jamais ni naturaliste, ni philosophe, & fait aussi sous tous les rapports un ouvrage inutile.

Le 30, je reviens sur ce petit voyage de Gavarnies. En qualité de botaniste, je ne puis passer à l'auteur les lianes qu'il a vues, dit-il, sur la grotte de Gédres. Des lianes en Europe ! quelle licence poétique ! chacun sait qu'on ne donne ce nom qu'aux plantes grimpantes; qu'aux tiges volubiles des végétaux de l'Amérique. A la maniere dont cet auteur observe des Lianes à Gêdres, on seroit tenté de croire que ces plantes étrangeres sont venues s'y naturaliser. Je ne lui pardonne donc pas les Lianes ; & quant aux Truites qu'on pourroit, assure-t-il, compter à la même cascade, je remarquerai que c'est un bien petit détail, dans le tableau de la grotte magnifique, qui vomit un fleuve à l'œil surpris, je dirois presque épouvanté de l'observateur. Comptez qu'il n'y a non plus de Truites à Gêdres pour le voyageur curieux & sensible, que de Lianes pour l'écrivain exact & précis. C'est ici qu'on voit combien le talent d'un versificateur qui n'est qu'agréable, devient insuffisant pour rendre les grands objets de la nature. Il faut pour ce travail hardi des crayons plus mâles, des pinceaux plus énergiques, que pour rimer une épître, ou versifier des intrigues d'amour.

Le voyage de Bagnéres est arrangé pour demain, par le *Tourmalet*, avec Madame Amelot, MM. Pasumot, de Biré, & de Bellegarde.

Le 31, nous sommes partis à six heures du matin. A dix, nous étions au sommet du *Tourmalet*, enveloppés de vapeurs qui d'en bas paroissoient sans doute sous la forme de beaux nuages ; mais qui n'étoient pour nous que d'humides & froids brouillards. Les pics de *Covero*, de *la Campana della Val*, & celui de l'*Espade*, situés à notre droite, étoient également couverts de ces vapeurs épaisses. Mais à peine eûmes-nous passé le col du *Tourmalet*, que tout se dissipa subitement, & que le soleil dévoila sa lumiere. Rien de plus commun dans les montagnes que les apparitions & les disparitions momentanées des nuages. On les voit quelquefois se former, s'exhaler, ou fondre en eau dans le même instant. Comment cette espece de phénomene pourroit-il s'opérer, si ce n'étoit par l'absorption instantanée d'une couche d'air qui se saturant de l'humidité de ces vapeurs, les anéantit, les rend invisibles, jusqu'à ce que surchargée à son tour, elle donne une nouvelle existence aux nuages, & se débarrasse de leur poids par une pluie plus ou

moins

moins abondante. Tout paroît certainement concourir à faire soupçonner différentes couches d'air dans l'athmosphere, dont les unes séches, pour ainsi dire, à l'égard des autres, cherchent à se saturer de l'excès d'humidité que celles-ci peuvent contenir. Le jeu singulier des brouillards dans les régions montagneuses ; la vue des Pyrénées qu'on découvre de fort loin quand le tems se dispose à la pluie, tout contribue à rendre cette idée plausible, ou si l'on veut, moins hypothétique qu'elle peut le paroître au premier coup-d'œil. Au reste, M. Pasumot, son auteur, m'ayant dit l'avoir consignée dans les mémoires de l'académie de Dijon, on la trouvera sans doute dans ces mémoires assez développée, & revêtue d'un assez grand nombre de preuves, pour ne pouvoir se dispenser de l'adopter. Mais reprenons notre voyage. Je disois donc qu'à peine nous eûmes passé le détroit du Tourmalet, que le soleil dévoila sa lumiere : voyons ce que nous découvrîmes alors. Des troupeaux innombrables qui paissoient tranquillement sur les montagnes situées à notre gauche ; d'autres montagnes plus élevées à notre droite, avoient l'air de tomber en ruines. Des corbeaux, des oiseaux de proie, qui peuvent seuls chercher une retraite dans ces lieux sauvages & désolés, y planoient en silence, & loin d'animer cette triste vallée, ne sembloient que la rendre plus horrible aux yeux du voyageur. Au pied de ces montagnes est une des principales sources de l'Adour. C'est un charmant fleuve que l'Adour ! Il est joli dès le berceau : lui seul mérite ici de reposer la vue fatiguée par le spectacle monotone d'une nature agreste & décrépite. A peine a-t-il reçu l'existence, qu'on le voit serpenter mollement dans la prairie qui forme le fond de la vallée, sans courir à flots précipités comme tous les torrens, comme tous les Gaves, ses freres. Il est vrai que cet enfant si discret, prend bientôt le caractere de la famille ; mais du moins il n'étoit pas né bruyant, c'est une justice qu'il faut lui rendre. Cependant nous avançons ; rien de cultivé ne se présente à la vue. A une lieue seulement du Tourmalet, la descente escarpée de l'*Escallette* nous offre les premieres traces de population que nous ayons encore apperçu dans la vallée. On y découvre sur le bord d'un Gave latéral qui vient se joindre à l'Adour, & à une profondeur effrayante, des especes de petites maisons basses, sans cheminées, couvertes d'un toit de gazon. Chacune de ces maisons, ou pour mieux dire, de ces granges, tient à une enceinte quarrée, dans l'intérieur & autour de laquelle on a pratiqué des hangards pareillement couverts de gazon, & soutenus par des pilliers de bois. Que je me plais à contempler ces édifices rustiques ! je me dis avec une sorte d'intérêt que je ne saurois rendre : les premiers hommes sans doute habiterent les montagnes ; ils furent pasteurs, & dûrent construire dans l'origine leurs demeures à peu près sur le modele de cette architecture simple comme eux. Non loin de ces habitations que je quitte à regrêt (1), nous trouvâmes les

---

(1) Leurs propriétaires les abandonnent pendant l'hyver, & nous n'y vîmes personne, quoiqu'au cœur de l'été.

bruyantes cafcades de *Tramefaïgues*, que l'Adour, déja groffi par la jonction de plufieurs torrens, forme en fe précipitant des montagnes. Ces cafcades font au nombre de trois principales. Nous les admirâmes un inftant ; mais les circonftances ne pouvant nous permettre de nous arrêter, nous paſſâmes fans qu'il nous fût poffible de les examiner d'affez près pour les décrire. L'une d'elles fur-tout, la moins éloignée de la route, & qui verfe fes eaux à travers d'antiques fapins, me parut digne d'une attention particuliere. Que d'objets de cette forte ne fommes-nous pas obligés de paffer fous filence en voyageant dans les Pyrénées! ici l'étonnement fuccéde fans ceffe à l'étonnement ; l'œil de l'obfervateur s'égare de merveille en merveille ; les perfpectives, les afpects varient à chaque inftant ; c'eft une magie, un enchantement perpétuel; ce font des effets qui femblent ne pouvoir exifter que dans l'imagination du peintre ou du poëte. Comment s'arrêter pour décrire avec un peu de détail, c'eft une chofe impoffibe. En faifant ces réflexions défolantes pour moi qui defirerois bien vivement partager avec mes amis tout le plaifir que je prends, toutes les fenfations que j'éprouve, nous arrivâmes dans le diftrict de *Grip*, où M. l'abbé P***. ne place qu'une feule maifon, & où nous ne vîmes qu'un feul village : cela faute aux yeux. Comment fe peut-il qu'on n'indique en cet endroit qu'une feule, qu'une unique maifon, lorfque la route & la vallée entieres font couvertes d'habitations, depuis un quart de lieue au deffus de l'auberge jufqu'au village de Sainte-Marie ? L'auteur naturalifte étoit fans doute alors occupé par des obfervations plus importantes. A *Grip*, l'on s'arrête & l'on dîne avec des œufs, des truites, du beurre frais, feules provifions qu'on y trouve. Après ce dîner frugal, M. Pafumot & moi nous nous féparâmes du refte de la troupe ; elle continua fa route vers Bagnéres, & nous partîmes munis d'un guide pour aller vifiter la marbriere de Campan.

Nous voilà remontés à cheval. Un pont fur l'Adour fe préfente ; pont de fapins couvert de débris de fchifte & de granit, comme tous ceux du pays. Ce pont paſſé, nous ſuivîmes quelque tems la rive droite de l'Adour, ombragée dans cet endroit par beaucoup d'arbres d'une fraîcheur admirable, j'y reconnus, non ſans quelque ſurpriſe, l'Erable à feuille de Platane, *Acer Platanoïdes*, que je ne puis ſoupçonner y avoir été tranſplanté. En nous élevant au-deſſus de Grip, dans les montagnes que nous allions traverſer, je trouvai auſſi pluſieurs belles plantes, entr'autres le Sureau à grapes, *Sambucus racemoſa*, dont le fruit éclatant faiſoit un ſuperbe effet, & contraſtoit admirablement avec la ſombre verdure de ſon feuillage. Le reſte de la route ne nous préſenta que des prairies, des friches, des bois déſerts, où nous rencontrions de tems en tems des troupeaux, qui ſembloient, comme diſent quelquefois les poëtes, errer à l'aventure. Le regne végétal m'y offrit *la Daphné Thymelea*, & deux ou trois autres plantes remarquables.

Nous deſcendîmes enſuite dans la vallée, où nous trouvâmes une belle route. Après l'avoir ſuivie quelque tems vers le Midi, notre guide nous détourne un peu vers l'Eſt, s'arrête dans le fond d'un vallon ſolitaire, & nous dit: Meſſieurs, voilà la marbriere de Campan. A l'aſpect du local, tentés de croire qu'il nous en impoſoit, nous lui répondîmes d'abord:—Mon ami, cela n'eſt pas poſſible; rien dans cet épouvantable déſert ne reſſemble à une carriere.—C'eſt cependant ici Meſſieurs; voyez donc! en prononçant ces mots il nous montroit du doigt quelques blocs de marbre taillés, & reſtés dans la prairie. Laiſſant alors nos chevaux nous gravîmes une hauteur qui ſe préſentoit en face. D'autres fragmens de marbre que nous reconnûmes pour celui de Campan, & que nous trouvâmes épars ſur la route, nous indiquerent bientôt la carriere d'où ils furent extraits. Elle eſt ouverte en trois ou quatre endroits. Abandonnée aujourd'hui, on y voit pluſieurs blocs à demi-détachés de la montagne, & même à demi-polis en place. Le marbre de Campan eſt ſuffiſamment connu. Il eſt fort beau, mais ne réſiſte point aux injures de l'air. Cela peut venir de ſa nature ſchiſteuſe; cela peut venir encore de ce qu'il étoit mal exploité; car nous remarquâmes fort bien que les ouvriers ne suivoient pas le sens des couches de la carriere : elles sont inclinées, & ils l'exploitoient dans une direction horisontale. Au reste, M. Bayen a donné l'analyse de ce marbre (1), & Louis XIV l'a fait servir à la décoration des jardins de Marly, ce qui l'a rendu célebre.

Les hauteurs, vis-à-vis cette marbriere, sont couvertes d'épaisses & majestueuses foforêts, & l'on voit tout près un passage qui conduit à la vallée d'Aure. Je ceuillis, au bas de la montagne, le superbe Panicaut Améthiste, *Eryngium amethisteum*, que je n'avois encore vu qu'aux environs de Barége. Nous reprenons le beau chemin, qui, sans doute, a été construit en ces lieux reculés, pour faciliter le transport du marbre de la carriere : il nous conduira par Sainte-Marie, Campan & Beaudeau, à Bagnéres.

Sainte-Marie est un village dont les alentours sont délicieux ; des habitations conti-

---

(1) Voyez le Journal de physique, mois de Juin 1778, tom. XI, pag. 495 & suiv.

nuées le long de la route semblent le prolonger jusqu'à Campan. C'est à demi-lieue de ce dernier village qu'on voit la grotte, beaucoup trop célebre, à laquelle il a donné son nom. Elle est située sur le penchant de la montagne aride qui s'étend à la droite de la vallée, & qui forme un contraste parfait avec celle de la gauche, couverte de bois, de prairies & de moissons. M. Pasumot étant resté sur la route, j'y laissai mon cheval, je traversai le gave avec un petit guide, & montai environ trois cents pas d'une pente fort rapide, pour parvenir à l'entrée de la grotte.

Je marche dans cette vaste citerne : des Stalactites brillantes pendent de toutes parts ; quelques-unes d'espace en espace, vont jusqu'à terre ; elles ont l'air de soutenir la voûte : vues de loin dans ce séjour de ténebres, ces colonnes disposées au hasard semblent des phantômes errans qui s'évanouissent & reparoissent par intervalles.

Toutes les crystallisations de cette grotte sont calcaires, par conséquent peu intéressantes pour les naturalistes. Les eaux glacées qui découlent sans cesse de la voûte, font de l'espece d'*Antiparos* un vrai cloaque, & comme je l'ai dit, une citerne aussi malsaine que désagréable par le froid qu'on y ressent. Elle a, selon mon guide, 420 pas de long sur à peu près autant de large : je ne l'ai pas vérifié. Tout ce que je sais, c'est que si la grotte est belle; on retrouve le jour bien plus beau après avoir habité seulement une demi-heure ce triste souterrein.

Un marbre noir ou gris, gravé en lettres dorées, & placé dans le fond de cette région des ombres, apprend aux curieux que Mme. la comtesse de Brionne y est descendue en 1766.

Bientôt après avoir rejoint M. Pasumot, nous arrivâmes à Campan, où regne plus encore que dans aucun autre endroit de la vallée, un air d'aisance & de richesse qui surprend les étrangers. Après Campan, se présente la jolie demeure de M. l'abbé T ***, hermitage charmant par sa position, & par les peupliers d'Italie dont il est environné. La disgrace de cet abbé est assez singuliere pour que je la raconte ici.

C'est un homme très-aimable, de beaucoup d'esprit, célebre même dans les lettres, & dont le mérite ne dépend nullement des caprices du hasard, ou de la faveur. Or voici son aventure. Prêchant un jour devant Louis XV, il alloit commencer son discours sans faire le signe de la croix : pure distraction dont personne ne lui auroit demandé compte ; mais par malheur, le roi s'en apperçut, & le témoigna par un sourire. On connoît la vivacité d'esprit ordinaire de M. le duc de Noailles (alors duc d'Ayen) ; il s'approcha du monarque, & lui dit : Sire, votre prédicateur va nous donner sans doute un sermon à la Grecque : plaisanterie qui n'étoit d'abord relative qu'à la mode actuelle, mais qui fut trouvée l'instant d'après d'autant plus heureuse, que l'abbé, comme s'il l'eut fait exprès, débuta par ces mots : *Les Grecs & les Romains*, &c. Vous imaginez bien que le roi sourit une seconde fois, que les courtisans éclaterent, que l'auditoire s'émut, & que la chûte de l'éloquent orateur fut complette.

A peu de distance de l'hermitage où le

prédicateur distrait se console d'une disgrace momentanée, par la gloire durable & méritée qu'il recueille de l'impression de ses ouvrages, se présente le village de Beaudeau, où toutes les femmes me parurent laides : j'avois trouvé charmantes celles de Campan. C'est ici la demeure de M. Fournier, notre beau chasseur du pic du Midi : nous voulûmes le voir en passant ; mais il étoit depuis deux jours à la poursuite des Isards, & ne devoit revenir que bien avant dans la soirée. L'impossibilité de l'attendre, vu que le jour penchoit sur son déclin, nous obligea de continuer notre route, en lui faisant témoigner nos regrets. Environ une heure après, nous arrivâmes à Bagnéres (1).

Le premier d'Août, toute la matinée se passe à parcourir la ville, & ses bains si mul-

_____

(1) Selon l'Encyclopédie méthodique, géographie moderne, tom. 1er, part. 1ere, il y a 14 lieues de Campan à Bagnéres ; or vous saurez, à la plus grande gloire de nos chevaux, cependant très-fatigués, que nous devons avoir fait ces 14 lieues en deux heures.

tipliés: bains de la reine, bains du dauphin, du grand prieur, du petit prieur, de Lannes, &c. &c.; presque chaque maison a les siens.

Rien de si joli, de si peuplé, de si vivant que Bagnéres. je le savois, je l'avois oui dire mille & mille fois; cependant j'en ai été surpris encore. Au reste cette ville est si connue que je me dispenserai de la décrire; je rapporterai seulement les inscriptions Romaines que nous avons trouvées, & que M. l'abbé P*** n'a point indiquées, ou dont il n'a pas fidellement désigné le lieu.

Sur un autel de marbre blanc de la hauteur de trente trois pouces, non compris la plinthe, & placé sur la fontaine publique de Bagnéres inscription dont M. l'abbé P*** n'a point parlé (1).

___

(1) Il doit paroître assez extraordinaire que M. l'abbé P*** ait oublié cette inscription qui fixe le nom latin de la ville de Bagnéres, (*vicus Aquensis*). Elle se trouve rapportée dans la cosmographie de Silerula, édit. des Elsevirs, pag. 449.

NVMINI AVGVSTI
SACRVM
SECVNDVS SEMBEDO
NIS FIL' NOMINE
VICANORVM AQVEN
SIVM ET SVO POSVIT

Autre inscription sur un petit autel de marbre blanc de 15 pouces de hauteur, encadré dans le mur de la maison, appartenant à M. Adoret Me. en chirurgie à Bagnéres, près la fontaine de salis (1).

NYMPHIS
PRO SALV
TE SVA SE
VERSER A
NVS V. S. L. M.

---

(1) Il est remarquable qu'Arnaud Oiénard, qui rapporte cette inscription & la suivante, pag. 506 de sa *noticia Vasconiæ*, l'indique à peu près à l'endroit où on la voit encore de nos jours. *Vetus lapis*, dit-il, *domum cujusdam Bagneriarium urbis parieti juxtà portam salariam affixus*. Cette porte de Salis n'existe plus.

(95)

Troisieme inscription, sur un petit autel de marbre blanc de 26 pouces de hauteur y compris le pied destal & la corniche. Ecriture maigre & sans barre aux A dans le mur du jardin de M. Duser près de la fontaine de salis (1).

MARTI
INVICTO
GAIVS
MINICIVS
POTITVS
V. S. L. M.

Quant aux eaux minérales de Bagnéres, leurs propriétés sont connues. J'ai vû dans cette ville, des maisons dont la façade est entiérement construite en marbre poli; il

---

(1) Les quatre lettres initiales qui terminent ces deux dernieres inscriptions, signifient, selon quelques-uns, *votum solvit libenter meritò* ; & selon d'autres, *votum solvit loci manibus*. J'adopterois volontiers la premiere explication, qui ne me paroit susceptible d'aucune difficulté, en regardant *meritò* comme un adverbe.

est employé dans presque toutes en pilastres, en corniches, en cordons ; dans toutes on le voit encadrer les portes & les fenêtres : ornement qui est de goût sans être de luxe, dit fort bien quelque part M. Dusaulx.

Nous avons remarqué dans le cloître des jacobins, & parmi les sculptures singulieres dont les chapiteaux gothiques des colonnes de ce cloître sont surchargées, la figure d'un ménêtrier jouant du tambourin à trois cordes tel à peu près qu'il est encore en usage. Cette figure qui a l'air de datter du douzieme ou treizieme siecle, nous prouve que cet instrument de musique est fort ancien dans le pays : nous n'y vîmes point le flutet, ou le *galoubet*, des Provençaux (1).

Vers le soir M. Pasumot & moi fûmes visiter les bains de *Salut* situés à un quart

---

(1) A l'entrée de l'hyver on voit chaque année descendre de la Bigorre, dans les provinces voisines, des bandes de ménétriers qu'on nomme *les couples de Bagnéres*. Ils viennent ainsi périodiquement égayer nos bals & nos fêtes avec
de

de lieue environ de la ville, à laquelle ils communiquent par une allée de peupliers. Les baignoires y font de marbre blanc, propres & commodes. Un quinconce de tilleuls y fert de promenade quand le tems eft beau, à ceux qui font des remedes; de grands hangards leur permettent le même exercice lorfqu'il pleut.

De ces bains nous gagnâmes un petit fentier d'abord embarraffé par des rochers; enfuite prolongé dans de jolies prairies, & qui nous conduifit au parc des capucins de Médons. Séjour délicieux, trop connu pour être décrit dans ce journal; & qu'on prendroit pour les champs élifées, fi l'on n'y voyoit, au lieu d'ombres heureufes, errer des derviches barbus, qui détruifent l'illufion de fond en comble. Avec quel étonnement ne voit-on pas fortir ici d'une

---

leurs tambourins : le carnaval fini, ils retournent dans leur patrie. Le tambourin fe trouve ici naturalifé, comme la vielle dans les Alpes de la Savoie, & la vallée de Barcelonnette.

grotte, un ruisseau tout formé! Avec quel plaisir, un peu plus loin, ne découvre-t-on pas au milieu des broussailles, l'entrée d'une petite caverne dans laquelle, ayant fait quelques pas, ayant apperçu le jour dans le lointain, ayant marché vers ce lointain, on se trouve dans le parc tout près de l'endroit d'où l'on étoit parti! J'ignore si l'on a beaucoup parlé de cette grotte ou caverne, qui le mérite cependant, & qui a eu aussi ses stalactites dont on voit les fragmens encore adhérens à la voûte : elle est formée dans une roche de marbre. Toute l'enceinte du jardin que je nomme le parc, est plantée d'arbres d'une verdure & d'une fraîcheur peu communes. J'y ai rencontré mon arbre de prédilection : l'Erable à feuilles de Platane. J'y ai vu aussi la Circée majeure *Circea Lutetiana*. L'église n'a rien de remarquable qu'un autel en baldaquin fort doré, & de fort mauvais goût.

Le 2, nous retournons en voiture aux bains de Salut; nous revenons ensuite à Bagnéres pour aller sur le chemin de Tarbe jusqu'au village de Plousac. Un observateur récent désigne des roches d'*ophite* près du pont de ce village. M. Pasumot examine & vérifie. Au lieu d'*ophite*, la roche se trouve de granit noir. Méprise manifeste ; nous rapportons des échantillons de ce granit.

Je projette pour demain une course sur la montagne de l'Heyris, avec un herboriste du village d'Asté. Cet herboriste, nommé Jacou, ne compte que des herboristes pour ancêtres, jusqu'à celui qui ayant parcouru cette contrée avec Tournefort, a fait l'illustration de sa famille. Ce trait sur la généalogie des Jacou est tiré d'un imprimé qu'ils débitent aux étrangers avec leurs *vulnéraires*. Je n'ai point vu le Jacou actuel ; mais j'ai prévenu sa mere qu'il auroit ma visite demain de très-bonne heure.

Le 3, à quatre heures du matin, je suis déja lancé sur la route de Médons, & demande à qui veut m'entendre le chemin du village d'Asté. Bientôt je me trouve enveloppé dans une procession qui se rend gravement de Bagnéres à Médons, pour implorer les bonnes graces de Notre-Dame.

La procession ne me conduisant point au village d'Asté, je la quitte; & traversant l'Adour, je vais chantant tout seul mes litanies vers la demeure du botaniste Jacou. Il m'attendoit, prêt à partir pour la montagne. Sa bonne mere, deux de ses sœurs, une très-jolie cousine se trouvent là; c'est presqu'au lever de l'aurore, c'est au milieu du jardin qu'on me reçoit en cérémonie. Les dames Jacou avec leur capulet blanc ou rouge; M. Jacou en gilet, en bonnet pointu, en guêtres, sans souliers: mais jeune-homme de vingt-cinq ans, mais bien robuste, mais bien leste. Un simple compliment de ma part, cimente la familiarité qui va désormais régner entre nous. Je jette un coup-d'œil sur le jardin; je vois qu'on y cultive l'Aconit Napel; je témoigne ma surprise de voir ce terrible *poison* végéter au milieu des herbes médicinales & salutaires. La mere me répond sur-le-champ:
— Nous connoissons fort bien, Monsieur, les qualités malfaisantes du Napel; il y a peu de jours encore que m'étant oubliée ici trop long-tems au grand soleil, j'éprouvai un

étourdiffement très-douloureux, & qui pouvoit devenir funefte. Mais notre grand-pere l'a placé lui-même où vous le voyez: il aimoit à contempler le port, le feuillage, la fleur de cette plante, & nous nous fommes toujours fait un devoir de la refpecter. — Bonnes gens, dis-je alors tout bas, qui vénérez ainfi la mémoire de vos ancêtres!.. M. Jacou, votre jardin eft fort beau; mais celui de la nature l'eft encore davantage; déjeûnons & partons. On déjeûne avec du lait, avec du beurre, & l'on part. Nous allons, me difoit Jacou, nous allons parcourir les bois & les montagnes où je ramaffe mes *vulnéraires*, nous nous éléverons fur le fommet de l'Heyris, d'où vous jouirez d'une perfpective toute auffi étendue que du haut du pic du Midi; enfuite nous verrons le *puit d'Arris*, & reviendrons par une autre route. Qu'eft-ce donc, M. Jacou, que le *puit d'Arris*? — Monfieur, c'eft la cavité d'une ouverture affez peu confidérable; mais dont on a jamais pu fonder la profondeur. Le puit d'Arris, me difois-je, doit être une curiofité naturelle affez remarquable ; & cependant c'eſt la premiere fois que j'en entends parler. Tout en montant, je cauſois ainſi avec moi-même, & avec M. Jacou, qui de tems en tems me faiſoit remarquer certaines plantes officinales, comme la Verge d'or, la Véronique de montagne, & quelques autres, les ſeules qu'il connoiſſoit. Cauſer avec intérêt, obſerver avec avidité, abrègent ſinguliérement la route. Celle-ci fut nulle pour moi ; à peine m'étois-je apperçu de mon départ, que j'étois déja dans une forêt très-élevée, parmi les hêtres & les ſapins. Ayant percé la forêt, nous nous trouvâmes ſur le l'Heyris en face de ſon dernier ſommet, & dans une prairie qui me parut au premier coup-d'œil le lieu le plus ſolitaire de la nature. Mais je ne tardai point à m'appercevoir que nous étions bien éloignés d'être ſeuls. A peine fûmes-nous ſortis de la forêt, que cinq cents cornets à bouquin ſe firent entendre des hauteurs voiſines. Ils ſe répondoient mutuellement, & retentiſſoient dans les rochers d'une maniere effrayante & terrible. Surpris, je m'arrête avec une eſpece d'efoi. — Monsieur Jacou, quel est ce ruit? ce n'est rien, me répondit-il, les asteurs qui nous ont vus, s'annoncent réciproquement notre arrivée dans la prairie. Il cesse de parler. Je reconnois des troupeaux de vaches, de chévres, de brébis, qui paissent tranquilement sur le bord des précipices; j'apperçois des bergers à l'ombre de grands arbres, étendus avec leurs chiens. Ces derniers ne paroissent nullement émus à notre aspect: les loups seuls méritoient, sans doute, leur attention; & nous n'étions que des hommes. Cependant nous avançons, en étanchant de tems en tems notre soif dans les fontaines limpides, où le berger pratiquant un abreuvoir pour ses vaches, a ménagé pour lui un recoin particulier dans lequel elles ne peuvent troubler l'eau qui le désaltere. Quelle vie que celle de ces bergers! ils passent ici six mois de l'année, comme les Anachoretes de la Thébaïde, & ne communiquent entr'eux, que par les cornets à bouquin dont ils nous ont fait entendre la mélodie. Le jour, sans cesse isolés au milieu de leur troupeau; sans cesse en activité pour veiller à ce que nulle vache, nulle brébis, nulle chévre, ne s'égare, ne tombe dans un précipice, ne devienne la proie des loups ; la nuit se retirant sous le toît de leurs cabanes, & dormant environnés de leur peuple ruminant qui repose lui-même sous la garde du chien fidele. Quelle vie ! & cependant les montagnes sont couvertes de ces sortes de gens, qui non-seulement ne connoissent pas d'autre existence ; mais qui peut-être ne voudroient pas échanger leur sort avec celui du citoyen le plus opulent de nos villes capitales. Treve de philosophie ; avancons. Reposons nous plutôt, me dit mon guide ; nous avons à gravir *la pene du l'Héyris*, que vous voyez au-dessus de notre tête (1). Mais c'est une chose impossible, Monsieur Jacou ; nous ne monterons jamais sur ce rocher ! — Asseyons-nous, me répondit-il ; je vous conduirai bien. Je m'as-

---

(1) Pene, en langue Celtique, signifie le sommet d'un lieu élevé. Cette expression s'est conservée en Bearn & en Bigorre.

fieds, & je regarde. Or, voici ce que c'eſt que *la pene* du l'Héyris. Une maſſe énorme de marbre qui couronne la montagne ; & qui forme une excavation aſſez conſidérable du côté du Midi pour recevoir plus de deux cents hommes, ſur deux, trois, quatre ou davantage de hauteur. Je lui donne 80 ou 100 pieds d'élévation, & juge qu'elle peut avoir trois cents toiſes d'étendue de l'Eſt à l'Oueſt ; bloc véritablement énorme, qui commande les hauteurs voiſines, & dont les proportions étonnent les yeux. Quoi ! répétois-je ſans ceſſe à Jacou, nous monterons ſur ce rocher ? Suivez-moi, me dit-il. Dix minutes après nous voilà ſous l'excavation dont j'ai parlé. Pluſieurs belles plantes y avoient élu leur domicile ; entr'autres la Saxifrage Cotyledonne (1). La Campanule Grandiflore, le Buplêvre étoilé. Nous ſuivons cette excavation à l'abri des rochers, qui

---

(1) Cette ſuperbe variété que Tournefort a déſignée par la phraſe ſuivante : *Saxifraga Sedi folio, flore albo multiflora.* ins. R. H, 252.

par leur saillie, forment une voûte à 60 pieds pour le moins au-dessus de nos têtes. — Mais je ne vois pas de route encore qui puisse nous conduire sur la montagne. — Suivez-moi, me disoit toujours Jacou. — Allons, disois-je à mon tour, sans trop savoir ce que j'allois devenir. A la fin mon guide s'arrête, & me montrant une crévasse perpendiculaire dans le rocher, où il s'étoit éboulé un peu de terre : c'est ici, me dit-il, qu'il faut monter ; & sans autre préliminaire il me donne l'exemple. Résolu comme je l'étois de ne point ménager mes forces, que je sentois rétablies par l'air de la montagne, je m'élance sur les traces de Jacou. Voici sans contredit la pente la plus rapide que j'aie gravi dans les Pyrénées. Nul chemin, nul sentier, n'y dirigent l'escarpeur ; il faut nécessairement qu'il s'accroche avec les mains aux rochers, aux arbrisseaux, au gazon même qui se trouve à sa portée. Bientôt il est vrai, le passage s'élargit, mais sans devenir moins difficile. Jacou s'émerveilloit de mon agilité ; je l'avois en effet dévancé dans la carriere,

& gravissois avec une nouvelle ardeur. Les magnifiques plantes au milieu desquelles on se trouve tout-à-coup, font compter pour rien la peine & le danger. L'Aconit Lycotome, une foule de belles Liliacées, se présentent au Botaniste. Il n'a des yeux que pour les admirer, des mains que pour les ceuillir, & se trouve ainsi porté sans s'en appercevoir sur le sommet sourcilleux qu'il avoit d'abord regardé comme inaccessible. Mais en ce lieu, peine & danger, plantes même, tout s'oublie, pour admirer la perspective immense qui s'offre aux regards. Les collines, les plaines, se confondent; tout est surface unie pour celui qui plane à une aussi grande hauteur: sa vue n'a d'autres bornes que celles que lui prescrit irrévocablement la foiblesse de son organe. Voilà Toulouse, disoit Jacou; vous distingueriez le pont de cette ville, si vous aviez une bonne lunette. Voilà Lombez, S. Gaudens, Auch; Tarbe, ses clochers sautent aux yeux. Voilà le pic du midi. Je me retourne pour regarder cette superbe montagne, dont le sommet dégagé de nuages, porté sur la croupe d'autres montagnes, semble s'élancer dans la région de l'éther. Je la contemple avec admiration, & pensant que j'avois gravi sur ce haut sommet, je sentis dans le fond du cœur, un certain mouvement de vanité, dont je ne pus me défendre. Quoique moins élevé que sur ce pic, vous jouissez du côté de la plaine, d'une vue tout aussi étendue que celle qu'il vous auroit offerte, me disoit Jacou. en effet, elle doit être absolument la même. Je ne perds aujourd'hui que la chaîne des montagnes intérieures qui ne nous furent point dérobées le 15 du mois dernier, lorsque les nuages nous voilerent totalement la plaine. Ainsi le spectacle qui me ravit le trois d'août sur *la pene du l'heyris*, est le complément de celui du quinze de juillet sur le pic du midi, & je prends une revanche entiere. Disant ces mots, mes yeux se tournerent naturellement du côté du nord ; ils cherchoient ..... Que cherchoient-ils ? Ah ! sur le sommet d'une haute montagne, lorsque les villages, les villes se rapprochent comme dans une carte géographique ; lorsque l'œil embrasse, pour ainsi dire, les provinces, & distingue leurs limites ; lorsqu'il suit au loin les fleuves dans leur cours ; qui ne penseroit point à sa patrie ? Avec quel empressement la vue s'abandonne alors dans l'immensité de l'espace ! Avec quelle avidité l'imagination dévore l'étendue ! On croit toucher à sa terre natale, on croit du moins l'appercevoir à l'horison, malgré l'éloignement fatal qui rend cette jouissance du cœur impossible. Mais ici point de réflexions, point de foiblesse humaine. Notre course n'est pas terminée ; il faut songer à son retour. Déja nous descendons par une prairie en pente douce, entiérement couverte de Gentiane jaune dont les vaches ont brouté les sommités, quelque forte que soit l'amertume naturelle de cette plante. Nous entrons dans un bois sur la montagne d'Arris. Une volée de corbeaux nous précéde. Voyez-vous ces corbeaux, me dit Jacou, ils vont au puit. A l'instant même, ces oiseaux qui d'abord ont volé d'arbre en arbre, se précipitent & semblent s'ensévelir dans le sein de la montagne, les voilà dans le puit, reprend Jacou. Nous avançons quelques pas. — Prenez garde, Monsieur; vous êtes sur le bord. Je m'arrête & je vois à mes pieds des arbrisseaux; des branches d'arbres, qu'on avoit mis autour du précipice, & qui m'en déroboient l'entrée. Rien de si singulier que ce gouffre, auquel il n'est pas possible d'assigner une origine volcanique, où n'aboutit aucun torrent, & qui se présente sur le sommet de l'Arris, comme une citerne que j'ai jugée de 15 à 18 pieds d'ouverture en quarrée. Ne pouvant m'approcher sans danger, je pris le parti de me coucher ventre à terre pour remarquer l'intérieur de cette excavation, vraiment digne du curieux naturaliste: mais des avancemens, des aspérités de rochers très-considérables, ne me permirent aucune observation importante. J'entendis seulement le croassement des corbeaux dans l'intérieur de l'abyme. Le cri de ces oiseaux qui se répétoit dans des échos souterrains, faisoit un des effets les plus singuliers qu'on puisse imaginer. Nous jettâmes ensuite des pierres dans ce précipice. On les entendoit tomber long-tems de roche en roche, & par la diminution graduelle du bruit qu'elles produifoient, annoncer le grand efpace qu'elles parcouroient dans leur chûte ; mais ces pierres s'arrêtant, ou paroiffant toujours s'arrêter, plus ou moins près de l'ouverture, & fe fixant par conféquent à différentes hauteurs, il étoit difficile & même impoffible, de rien déterminer de pofitif fur les dimentions perpendiculaires de cette furprenante cavité. Pour reconnoître au vrai fa profondeur, je ne vois ici maintenant d'autre maniere à mon ufage que celle du philofophe Empedocles ; mais n'ayant aucune envie de la tenter, je continue ma route.

Quelques centaines de pas au deffous du puit, nous entrons dans une forêt de fapins. Graces aux habitans de la montagne qui précipitent les bois de charpente dans l'unique fentier qui fe préfente au milieu de la forêt, ce fentier luifant, & poli comme une glace, n'eft feulement pas praticable pour les ifards. Nul moyen, mes chers amis, de defcendre en fûreté dans ce pafsage difficile & pénible, si l'on ne s'abandonne à la merci des ronces & des broussailles; si comme nous, l'on ne se retient à tous les arbrisseaux qu'on rencontre, à toutes les branches vertes ou séches, épineuses ou lisses, fortes ou foibles, qu'on trouve à sa portée; si comme nous, l'on ne court le hasard de déchirer ses habits, d'ensanglanter ses mains, de broncher à quelque obstacle imprévu, de tomber dans quelque ravine cachée sous des feuillages trompeurs. Cette forêt est peuplée d'arbres magnifiques. Plusieurs gissent sur la terre abattus par les orages, & pourrissent inutiles à l'homme, dans le lieu de leur naissance. Ces superbes végétaux, terrassés par les vents, ou par la foudre, forment toujours dans les antiques forêts un spectacle qui arrête le voyageur. De combien de réflexions l'esprit ne devient-il pas susceptible dans ces lieux solitaires, au milieu des plus beaux, des plus grands accidens de la nature! Un énorme sapin, contemporain des siecles passés, qu'on trouve sur les Pyrénées, renversé, privé de ses rameaux déja décomposés, est pour l'ob-

servateur

servateur le plus frivole, un sujet de méditation bien sublime. Nous descendons, je mesure l'aire de la coupe horizontale de quelques-uns de ces arbres abattus par la coignée; ils ont 4, 5 jusqu'à 6 pieds de diamêtre, ce qui donne 12 ou 18 pieds de tour. Je cueille ici la Dentaire Pentaphille, le Mélinet mineur, l'Esperviere des montagnes, & plusieurs sortes d'Ail: ces derniers ne sont plus en fleurs; je ramasse leurs graines, ou j'enleve leurs bulbes. Je trouve aussi dans cette épaisse forêt le Groseillier des Alpes à fruit doux, & Jacou auquel je fais remarquer cet arbuste, me promet de m'en envoyer de jeunes pieds vers la fin de l'automne. Nous descendons encore. Nous descendons toujours, cueillant tantôt une Fraise, tantôt une Framboise, ou le fruit aigrelet de la Myrtille, petite baie fort saine, pleine d'un suc agréable & rafraîchissant. Nous désaltérant par fois dans les fontaines, nous arrivâmes ainsi sans nous en appercevoir à l'endroit nommé les *Pantieres* ou les *Palombieres d'Asté*; ce qui signifie tout simplement le lieu où les habitans d'Asté chas-

H

sent les Palombes, *Columba Palumbus* (1). Dirai-je un mot de cette chasse ? elle est pourtant assez connue ; mais un mot est bientôt dit. De grands arbres sont plantés dans un vallon supérieur, dont ils ferment l'entrée ; des filets sont tendus sous leurs feuillages ; des perches très-élevées sont dressées tout auprès ; des hommes sont montés au sommet de ces perches à l'aide des échellons dont elles sont pourvues. Dans cet état on attend les Palombes : elles arrivent, elles approchent, & l'un des hommes montés sur les perches, jette en l'air un morceau de bois garni de plumes, que les Palombes prennent pour l'épervier. Elles s'abattent alors, veulent passer entre les arbres, & sont prises dans les filets. Voilà leur histoire. Pour finir la mienne aujourd'hui, qui me paroît assez longue, je me hâterai ici, com-

---

(1) Et non *Columba Vinago*, comme il est dit sans doute par méprise dans le Journal de physique, mois d'Octobre 1782, où la chasse de la Palombe est décrite avec beaucoup de détail, pag. 306—312.

me je me hâtois sur la montagne, d'arriver au village d'Asté. Debout & marchant presque toujours depuis cinq heures du matin dans les lieux les plus escarpés, accablé de fatigue, & n'ayant point dîné, on peut juger que j'avois d'assez bonnes raisons à deux heures après-midi pour desirer une halte. Pressé par les circonstances, je ne donnai qu'un coup-d'œil, & c'étoit beaucoup encore aux *murailles de Tanto*, restes épars d'une forteresse près d'Asté, qu'on dit avoir été bâtie par les Anglois. Enfin nous arrivâmes. Il en est tems. Mangeons, reposons-nous. Pendant le repas frugal qui rétablit mes forces, nous nous entretînmes des herborisations de Tournefort sur les Pyrénées, où, comme nous l'avons dit, l'un des ancêtres de Jacou l'avoit accompagné. Le souvenir des expéditions de ce grand homme s'étoit conservé par tradition dans la famille de Jacou. J'appris de ces bonnes gens que le célebre botaniste passa une nuit sur le pic du Midi, à l'abri d'une tente qu'il y avoit fait dresser; il fut aussi parcourir l'Heyris d'où je venois, & sans doute toutes les montagnes voisines. Quel plaisir d'accompagner Tournefort à cette époque, où la plupart des plantes *Alpines* étoient encore nouvelles : aujourd'hui nous ne faisons que glâner sur ses traces. J'appris aussi quelques détails sur la mort de M. Plantade, qui finit sa carriere en montant au pic du Midi en 1741. La mere Jacou se rappelloit son enterrement dans l'église de Campan, où l'on a conservé long-tems & son chapeau & sa perruque. Enfin j'observai pendant ce repas un usage qui tient aux mœurs de ce pays, & qu'il faut que je rapporte. La plus jeune fille de la maison, Saturnine Jacou, s'habilloit pour aller à vêpres : elle prit à l'ordinaire son capulet blanc, mit par dessus tous ses habits un grand manteau d'étamine brune bordé de noir, qui l'enveloppoit depuis les pieds jusqu'à la tête, & replia seulement sur le visage le bord de son capulet. Cette toilette achevée, elle prit à la main un pain de cire jaune, & sortit. Curieux de savoir la raison de ce costume, j'interrogeai à cet égard la bonne mere. Elle me répondit que lorsqu'une famille étoit en deuil dans la vallée, il étoit indispensable qu'une personne de cette famille assistât à chaque office de la paroisse, revêtue d'un manteau, & tenant dans sa main, ou le pain de cire dont j'ai parlé, ou bien un cierge allumé, pendant tout le tems de l'office. Elle ajouta: — Ces enfans sont dans la seconde année du deuil de leur pere, aucun de nous ne peut aujourd'hui aller à vêpres, & Saturnine va nous représenter. — Un deuil de deux ans! Un costume semblable en signe d'expiation ! Tout cela tient, comme on le voit, aux mœurs antiques.

Heu pietas, heu prisca fides!

Le dîné fini, je donne mon adresse à l'honnête Jacou qui m'accompagne à Bagnéres. Chemin faisant nous trouvons la Renouée Bistorte, *Polygonum Bistorta*, qui grossit & couronne les moissons de la journée.

Ici, mes chers amis, une réflexion m'arrête. Vous m'avez peut-être accusé mille fois en parcourant cet incipide journal, de ne vous entretenir que de pures bagatelles, indignes de votre intérêt ou de votre curiosité. Cependant je n'ai pas chaque jour sous la main de superbes cataractes à décrire, je n'habite pas toujours des villes bâties de marbre, je ne suis pas sans cesse sur le pic du Midi, ni sur la pene de l'Heyris, & si je n'avois à parler ici que de ces rians ou sublimes objets, j'interromprois à tous momens une correspondance qui, loin de vous, fait le charme de ma vie. A Gavarnies, je chante les forêts, les torrens, les cascades ; à Bagneres, les inscriptions, les bains, le marbre, occupent ma plume ; sur les sommets élevés, ce sont les beaux points de vue ; les immenses perspectives, qui sont le sujet de mon admiration ; au village d'Asté, c'est la famille Jacou qui m'intéresse. Par-tout je cherche à vous faire voyager avec moi, à vous faire voir ce que j'ai vu, entendre ce que j'ai entendu ; par-tout, si ce n'est pas trop me flatter, j'aspire à vous faire éprouver les sensations que je puis avoir éprouvé moi-même. Je l'ai lu quelque part, & vous le savez, mes chers amis, celui qui donne la relation complete de ses voyages est une espece d'historien; or l'historien, ainsi que le sort impitoyable, frappe *æquo pede* à la porte des bergers comme à celle des monarques (1).

Le 4, à cinq heures du matin, M. Pasumot & moi dévançant Madame Amelot, & le reste de la troupe, partîmes pour revenir à Barége. Arrivés à Beaudeau, nous demandâmes Fournier; mais il étoit absent. Voulez-vous savoir quelle fut l'issue de sa chasse au pic du Midi, lorsque nous l'y rencontrâmes? Ses quatre compagnons de fortune & lui, coururent toute la journée sans succès; le lendemain ils tuerent deux Isards, & les vivres leur ayant manqué, ils en man-

---

(1) A man Who is giving a full account of his travels j hope you consider as an historian; and you know that historians like death must knock equo pede at the beggar's as at the king's door.

A journey from London to genoa, through england, Portugal, spain, and France. By Joseph Bareti. Vol. second. p. 77.

H 4

gerent un fur le champ de bataille. Voilà ce qui s'appelle des chaffeurs, & non des braconiers de nos plaines.

Ayant fait nos adieux à la Patrie du Chirurgien Fournier, nous revîmes bientôt avec plaifir, & l'habitation du prédicateur diftrait (1), & la charmante petite ville de Campan, & le village de Sainte-Marie ; enfin celui de Grip, où nous nous arrêtâmes vers les dix heures du matin. Après un déjeûné du pays : c'eft-à-dire, après avoir mangé du lait & du beurre, auxquels nous ajoutâmes quelques œufs frais, nous repartîmes de ce dernier village, & fans attendre le refte de la caravane, nous nous engageâmes dans le chemin du Tourmalet. Au-deffus de l'*Efcalette*. Je ceuillis la Grande Digitale Pourprée, *Digitalis purpurea*, plante fuperbe qui décore ces

---

(1) Ses fermons font imprimés en 3 vol. in-12 fous ce titre ; Sermons prêchés devant le roi pendant le Carême de 1764. M. DCC. LXV, à Paris, chez Saillant.

lieux déserts, & qui concourt avec les cascades de *Tramesaïgües* à les rendre intéressans pour les naturalistes. A deux heures après-midi nous étions sur le Tourmalet, environnés de brouillards, & saisis par un froid très-vif, ce qui ne laissoit pas d'être incommode, & même dangereux, pour des gens qui comme nous, venoient de ressentir pendant quelques jours toutes les ardeurs de la canicule, & qui le matin même avoient été grillés par un soleil à reverbere dans la vallée de Campan. Malgré le froid, le vent & le brouillard, nous nous promenâmes un quart d'heure environ sur le Tourmalet, & reconnûmes des filons de *quartz* dans le schiste qui forme cette montagne. J'y observai la Véronique à feuilles de Serpolet, & la *Gentiana Nivalis* de Linné, que nous avions vûes en abondance & presque seules sur la partie la plus élevée du pic du Midi, où la végétation est en activité. J'y observai aussi que l'Iris *Xiphium* dont la déclivité du Tourmalet est entiérement diaprée, ne se retrouve plus vers le district de Grip, ni même dans la vallée de Campan. Après ces petites remarques, nous reprîmes la route de Baréges, où nous arrivâmes à cinq heures & demi du soir, très-satisfaits de l'intéressant voyage que nous venions de terminer.

Le 5, encore un mot de Bagnéres. Les étrangers trouvent cette ville charmante; assurément cela doit être ainsi. Elle est située dans un beau pays; elle est très-joliment bâtie; il y régne un air d'aisance & de propreté qui réjouit; mais je n'en suis pas moins persuadé qu'elle doit une grande partie de ses agrémens, aux horreurs de Barége & de Cauteretz. N'en doutons pas: l'on quitte ces habitations détestables, leur climat triste & sévere, des gens estropiés, ou véritablement malades, pour descendre dans une plaine où l'on retrouve la belle saison, avec tous ses charmes : pour y voir des citadins d'autant plus affables, qu'on leur procure l'abondance; des étrangers que le plaisir plus que la maladie a rassemblés dans un séjour, où l'étiquette a fait place à la liberté. Voilà, sans doute, voilà ce qui produit & l'enthousiasme général, & les éloges qu'on prodigue par-tout à Bagnéres : ville qui, dans le fond, n'est qu'un colifichet, une véritable découpure.

Le 8, M. Dufaulx retourne à Gavarnies avec M. de Malonet, intendant de la marine à Toulon, & M. de Villeneuve, trésorier de l'hôtel-de-ville de Paris. Le premier & le troisieme de ces hommes rares vous sont, je crois, déja connus. Le second, bien digne à tous égards, d'être leur ami, réunit comme eux toutes les qualités de l'esprit à toutes les perfections du caractere. Son poëme, intitulé les quatre parties du jour à la mer, que vous avez lu sans doute, annonça ses talens dans la carriere de la littérature, il acheve aujourd'hui un mémoire dont j'ai seulement ouï parler : ouvrage plus sérieux, plus important que le premier, & bien propre à couronner la réputation de son auteur, si jamais il le publie. Tout ce que je puis ajouter ici sans indiscrétion, c'est que le sujet de cet ouvrage est à la fois l'un des plus délicats que puisse traiter un administrateur homme de lettres, & l'un de ceux que la philosophie & l'humanité recommandent le plus fortement à tous les cœurs sensibles (1).

Le 9, promenade avec M. Pasumot aux environs de Baréges. La beauté de la soirée, le plaisir d'aller au devant de nos voyageurs de Gavarnies, nous engagerent d'abord dans la route de Luz. Peu-à-peu le penchant que nous avons l'un & l'autre pour l'observation, nous éloigna de nos projets, nous égara dans la campagne. Un petit sentier taillé dans le roc paroît à notre droite, & se prolonge en serpentant vers l'Ouest sur le flanc de la montagne. Ce sentier conduit au village de Cers. Allons-y, dîmes-nous ; nous descendrons ensuite vers le pont *Saint-Augustin*, & retournerons à Barége par la grande route. Nous ferons peut-être quelque découverte nouvelle, & nos voyageurs ne nous échapperont pas. Causant ainsi,

---

(1) C'est un Mémoire sur l'esclavage des Négres. Il a paru vers le commencement de cette année 1789, & se trouve chez les marchands de nouveautés. Voyez le numéro 8 du Mercure de France ; note de l'Editeur.

nous avions traversé le gave à la faveur d'un tronc d'arbre renversé, espece de pont portant à faux sur deux rochers mobiles qui lui servoient de culée ; nous étions déja dans la montagne parmi les schistes, les marbres, les granits. Comme par-tout ailleurs, nous avons reconnu ici que ces deux dernieres substances n'avoient jamais servi que de revêtement ou d'enveloppe à la premiere, & que ces enveloppes étoient visiblement détruites en plusieurs endroits, particuliérement vers les sommets où ne paroissoit plus la moindre trace de leur ancienne existence. J'observai quelques plantes sur les bords escarpés de ce sentier ; telles que le *Bupleurum Falcatum*, la *Satureia Montana*, l'*Hypocrespis Multisiliqua*, que je n'avois pas vues encore, excepté la Sarriete de montagne qu'on trouve dans le haut Agénois. Nous étant élevés insensiblement, nous découvrîmes à notre gauche un vallon supérieur, qui ne sauroit s'appercevoir de la route de Luz, & qui offre un coup-d'œil très-pittoresque ; enfin ayant tourné la montagne, la ravine profonde qui sert de lit au gave de Cers, se présente avec son chapelet de petits moulins, dominé par le village. Beaucoup d'eau, beaucoup d'arbres, beaucoup de bruit; des montagnes très-rapprochées, très-escarpées, fort obscures, jettent une sombre horreur dans ce recoin, qui réserve des détails intéressans aux amateurs de la nature agreste. Nous aurions bien voulu pouvoir les parcourir, mais le jour qui penchoit vers son déclin, ne nous permit que de traverser le gave au milieu des moulins, de gagner le village, d'où l'on jouit d'une belle perspective, & de descendre ensuite, comme nous l'avions projetté, au pont Saint-Augustin. Il étoit nuit close quand nous rentrâmes à Baréges, sans avoir vu nos voyageurs encore derriere nous. Ces Messieurs ne revinrent que fort tard, pour le moins aussi fatigués que satisfaits de leur course.

Le 10, M. Pasumot & moi projettons un voyage à Notre-Dame de Hé*** pour le 15, jour de l'Assomption de la Vierge. Voici encore une Notre-Dame, qui comme celle de Betharams & de Médons est célebre dans ces montagnes. Aussi fâmeuse que la premiere, & bien plus accréditée que la seconde, Notre-Dame de Héas est le centre où se rassemble le peuple de 12 à 15 lieues à la ronde, pendant huit jours que dure la dévotion. On conçoit que cette chapelle, située dans les hautes Pyrénées, & loin des routes ordinaires, ne manque pas d'attraits pour les observateurs en tout genre.

Le 16, je vous ai déja prévenus, mes bons amis, que je projettois un pélérinage à Héas, en l'honneur d'une illustre Notre-Dame. Ce voyage pénible, dangereux même à certains égards, n'ayant été du goût d'aucun amateur de Baréges, & les affaires importantes de MM. Dusaulx & Pasumot, m'enlevant le précieux avantage de marcher encore sous leurs enseignes dans cette nouvelle excursion, c'est à regret que je viens de la terminer tout seul. Tout seul! me direz-vous? Oui mes amis; tout seul avec un guide. Je me suis trouvé à Héas le jour de l'Assomption, dans le pays le plus triste, le plus isolé de la nature; au milieu de dix mille Montagnards, accourus de tous les recoins des Pyrénées, j'ai été le témoin de leur ferveur, ou plutôt de leur superstition ; j'ai vu des glaciers, j'ai fait un recueil d'observations nouvelles..... Mais je m'apperçois que j'intervertis l'ordre des tems : il faut de la chronologie dans l'histoire. Revenons, je vous prie sur nos traces, & commencons ensemble le curieux voyage dont je vous dois la narration.

Le 14 au matin, je suis encore à Barége, indécis sur le parti que je vais prendre ; incertain si je dois réaliser ou non le projet de mon pélérinage. On accumule, pour m'en détourner, les peintures les plus effrayantes, les raisonnemens les plus capables de réfroidir mon zele pour ces montagnes escarpées, où personne ne veut m'accompagner. Cependant je me décide, je vais partir : quinze mille Montagnards au moins vont à Héas chaque année, Notre-Dame les protege ; aucun n'y périt. Mais, me dit-on, voyez les brouillards : il se prépare un mauvais tems ; vous êtes seul ; que verrez-vous ? & mille propos de cette espece. Je réponds, les brouillards peuvent & doivent

vent se dissiper ; vous connoissez l'inconstance habituelle de ce climat. Il faisoit beau hier ; aujourd'hui le tems se gâte ; il fera beau demain : cela doit être, ou toute la météorologie des Pyrénées est fausse. Vous dites que je suis seul ! j'ai mon guide ; j'ai une lettre pour le vicaire de Gêdres ; & quant à ce que je verrai, comptez-vous pour rien un pays neuf, où personne ne va, dont personne ne parle ? comptez-vous pour rien le spectacle que m'offriront les habitans rassemblés de cette partie des Pyrénées ; leur costume, leur lengage, leur mœurs, leurs superstitions ? imaginez donc que je vais acquérir d'un coup-d'œil des résultats qu'il me faudroit dix ans peut-être pour me procurer en détail. Pendant que je tiens ces propos, mon cheval arrive. — Quoi, tout de bon ! — oui sans doute ; adieu donc, — bon voyage, bon voyage, adieu donc, me crie-t-on de loin, tandis que déja sur la route de Luz, je réponds de la voix & du geste.

J'aurois pû, j'aurois dû, sans doute, m'arrêter à Luz, pour y voir notre inscription fur le métier ; mais Saint-Sauveur m'appelle. Je ne connois pas Saint-Sauveur ; il est juste en passant de lui rendre mon hommage. Je gagne le pont ; une route courte & bonne, ingénieusement pratiquée sur le bord d'un gave menaçant, me conduit au village. Il est joli, bien bâti, bien peuplé d'étrangers ; ses bains sont propres & comodes ; la montagne qui le domine ; & que nous voyons si bien de Barége, est à coup sûr une des plus hautes des moyennes Pyrénées. Je n'ai plus rien à dire de Saint-Sauveur. Si vous voulez connoître ses eaux, consultez les différentes analyses qui en ont été faites. Je reviens sur mes pas. Me voilà sur le pont, & en tournant à droite, sur la route de Gêdres.

Bientôt je vois la marbriere, près du *Riou mo* (1) où l'on a trouvé la mine de Nikel (2). Elle est disposée par filons inclinés qui suivent la direction des couches

---

(1) C'est-à-dire en langage du pays, *mauvais ruisseau.*

(2) *Cuprum Nikelum.* Lin. Sist. Nat. 146.

schisteuses, descendent de la montagne, passent sous le gave; & reparoissent ensuite sur la rive gauche du torrent. L'endroit où cette mine pourroit être examinée le plus commodément, est enséveli, au grand préjudice des curieux, sous les débris de la carriere. Ce minéral, si rare encore en France, & que depuis si peu de tems on sait exister dans les Pyrénées; mériteroit sans doute, qu'on entreprît quelques traveaux pour faciliter sa recherche aux naturalistes. Au reste, ce n'est pas l'intérêt pécuniaire, qui fait courir après cette substance nouvelle (1); puisqu'elle n'a servi jusqu'ici qu'à la composition d'une poudre pour tuer les mouches. Mais voici le passage de l'échelle. Je mets pied à terre; il mérite que j'aie pour lui cet égard. je descends, & cherche à le dessiner. Je dessine aussi le mieux qu'il m'est possible, l'endroit où sera placée notre inscription : cet endroit déja

---

(1) Nouvelle pour nous; car il y a des pays en Europe où elle est très-commune.

remarquable par les ruines de la tour, d'où les habitans de la vallée, précipitoient dans le gave les miquelets, lorsque bien avant que la route actuelle eut été pratiquée, ils venoient, sautant de roche en roche sur le flanc de la montagne, désoler les environs. On raconte que, du haut de cette tour, un seul homme armé de son fusil, tua dans une seule occasion, 400 de ces brigands; qui depuis cette défaite, n'ont plus reparu dans la vallée, où le nom du héros est encore en vénération.

Après le passage de l'échelle viennent le pont de cir, ou de Lartigue, & les beaux accidens du gave qui le précédent & l'accompagnent; puis l'autre pont, construit en bois, reposant à quelque distance du premier, sur un rocher de granit, qui se trouve là tout exprès au milieu des fureurs du gave. Mais je vous renvoie, Mesdames & Messieurs, à mon premier voyage dans cette vallée romantique, sans m'arrêter à des répétitions auxquelles, mon esprit toujours exalté par ces grands spectacles, alloit entraîner ma plume. Nous arriverons donc aujourd'hui tout de suite à Gêdres. — Ma bonne, faites-moi parler à M. l'abbé Mercére. Mon ami, M. l'abbé Mercére est-il chez lui? où demeure-t-il? Conduisez-moi chez M. l'abbé Mercére, disois-je, ma lettre à la main. Une voix s'éleve, & j'apprends que M. l'abbé Mercére est à Héas. Bon! c'est où je le voulois, je ne passe pas cependant sans faire une station à la grotte. A cette grotte, au fond de laquelle, dit poétiquement M. Dusaulx; la nuit, par un accord magique, semble dormir avec le jour. Mais partons vîte pour Héas, car le soleil est bientôt couché dans ces montagnes.

En disant ces mots, je m'élance sur mon cheval, il prend à la gauche du chemin. Pour le coup, me voilà dans une région nouvelle. Je monte, je traverse un village, ou plutôt un hameau. C'est Gêdres-dessus; je le note dans mon journal. Il n'y a rien de remarquable à Gêdres-dessus, si ce n'est un petit pont bâti sur un petit gave, qui descend de la montagne à la gauche du voyageur. Ce pont construit sur le gave, dont les deux rives se trouvent d'inégale hauteur, est à demi ruiné, & produit un effet assez pittoresque. Quant au torrent, il descend comme je l'ai dit, à la gauche du voyageur, se perd en murmurant dans le gave de Héas, qui seul occupe le fond de la vallée; passe dans la grotte de Gêdres, & va grossir à son tour celui de Gavarnies. Tandis que le gave de Héas roule ses eaux entre deux rochers qui le dérobent à notre vue, nous cheminons sur un petit sentier tracé dans la montagne. Pour suivre avec sécurité cette route dangereuse, il faut avoir déja pratiqué toutes celles que nous avons parcourues dans les Pyrénées. Un rocher perpendiculaire, dont je ne puis déterminer la hauteur, est au dessus de nous. Sous nos pieds ce rocher est moins vertical; mais il est dans sa convexité, uni comme une glace, & paroît formé d'un seul bloc. Toute espece d'espoir seroit interdite à celui qui feroit un seul faux pas dans ce lieu périlleux.

Il tomberoit infailliblement à cinq cents pieds de profondeur dans le gave, qui s'est ouvert des routes ténébreuses sous ce rocher dans le creux de l'étroite vallée. Il faut donc ici, mes amis, descendre de cheval, marcher avec prudence ; c'est le parti le plus sûr, & c'est celui que j'ai pris depuis l'entrée de ces horribles précipices. Cependant le gave sort peu-à-peu, vers la mi-chemin de Gêdres à Héas, du lit obscur où on l'avoit perdu de vue. On le voit se précipiter bientôt après d'un rocher de marbre de 12 à 15 pieds de hauteur, qui traverse le lit du torrent, & qui s'évase en forme de coquille avec tant de régularité, qu'on le prendroit par-tout ailleurs pour un ouvrage de l'art. Au dessus de cette charmante chûte d'eau, le gave devient silencieux en traversant une petite prairie, où l'on apperçoit çà & là des blocs de granit brisés, antiques revêtemens des montagnes schisteuses qui dominent les environs. Ensuite le gave reprend son cours impétueux, & roule avec fureur ses eaux mugissantes. C'est ainsi qu'il s'échappe du cahos de Héas: cahos que je ne saurois décrire ; cahos mille fois plus étendu, plus imposant, plus terrible que celui de Gavarnies; quoiqu'il ne soit pas en général composé de fragmens aussi considérables. Je dis plus étendu, parce que l'éboulement qui l'a produit couvre toute la déclivité de la montagne, & comble, pour ainsi dire, la vallée : je dis plus imposant & plus terrible, en ce qu'on le voit d'un seul coup-d'œil dans toute son immensité, & que si le cahos de Gavarnies présente comme celui-ci l'idée d'un monde fracassé, on y circule du moins autour des ruines qui le composent ; ce qui ne laisse pas d'en dérober un peu l'horreur ; mais dans l'étonnant amas de granits à vive arête dont il s'agit, on marche sur le granit même, on foule aux pieds ces effroyables débris, & la vue se perd sur une région désolée. Au milieu de ce vaste amas de rochers entassés par le hasard, s'élève un bloc énorme qui, par sa grande hauteur & ses dimensions extraordinaires, semble commander le cahos, & défier encore les montagnes voisines dont il est le produit & le contemporain. Ce bloc qu'on nomme le *Caillaou de la Raillé*, jouant un rôle principal dans l'histoire de

Notre-Dame de Héas, nous y reviendrons dans la suite. Il me suffira de dire ici que, parvenu près de ce rocher, la nature paroît morte tout-à-coup aux yeux du voyageur. Plus de gave turbulent, plus de végétation, plus de mouvement, plus de vie. Au lieu d'arbres & de moissons, des quartiers de granit, comme je l'ai dit, accumulés à vive arête, & portant les uns sur les autres d'une maniere effrayante ; une immensité de pierres fracassées sur lesquelles la vue s'égare ; au lieu de torrens écumeux, un lac immobile qui réfléchit les cieux comme un vaste miroir ; enfin des pics sourcilleux, d'une extrême aridité, qui se prolongent paralellement en face de l'observateur, & une haute montagne toute chargée de neige, toute couverte de glaciers azurés, qui termine la perspective. A la gauche, vers le fond de la vallée, & non loin du lac, se voit une chapelle solitaire, c'est la demeure révérée de Notre-Dame de Héas. Ni cette chapelle, ni dix à douze mille personnes qui l'environnent, ni deux gaves mêmes qui descendent en çascades à la droite du cahos, & viennent se perdre sous ses ruines, ne peuvent animer cette horrible solitude. Tout s'anéantit, tout devient passif & nul dans cet éternel domaine du silence. On se croit transporté subitement aux régions infernales sur les rives du Léthé, où les ombres muettes, où les ondes froides & paresseuses n'offrent autour d'elles que le repos & la mort. J'approche en côtoyant le lac ; un gave tranquille y termine son cours. Enfin me voici devant la chapelle. C'est un édifice moderne, bâti en forme de croix grecque, & surmonté d'un petit dôme dans son milieu. La porte, ainsi que deux pilastres, & l'attique qui l'accompagnent, sont de marbre. Dans l'attique se voit une statue de la Vierge avec son enfant Jésus ; le tout en marbre gris, à la réserve des figures & des mains qui sont en marbre blanc. Cette statue a de la grace, & des contours agréables ; ce qui n'a pas laissé de me surprendre, ne pouvant imaginer qu'un sculpteur, tant soit peu médiocre, eût jamais travaillé pour Notre-Dame de Héas. J'entre dans la chapelle : un prêtre en surplis, établi devant son bureau près de la porte, y reçoit de l'argent de toutes mains, en écrivant par fois sur un regiſtre apparamment ce qu'on lui donne. Le petit édifice eſt fort orné pour le pays; de très-mauvaiſes peintures cependant couvrent les murailles. J'obſerve que les voûtes dans ces recoin du monde où l'on ne vit jamais de tuileries, ſont figurées en briques, lorſque dans les autres contrées les briques, le plus ſouvent y repréſentent des pierres: tant on veut en tous lieux, en toutes choſes, paroître avoir ce qu'on n'a point. L'intérieur de la chapelle eſt ſombre, comme celui de toutes les égliſes que j'ai vues dans les Pyrénées. — Cette obſcurité, loin d'être un défaut, me ſemble toujours devoir accompagner dans les temples le receuillement & la priere. Ici paroiſſent trois autels. Le principal eſt en face de la porte; les latéraux ſont ſitués aux extrêmités des deux bras de la croix, & ſe regardent mutuellement. L'un de ces autels offre dans ſon tableau la Notre-Dame du lieu, revêtue du capulet rouge des Montagnards. Ainſi la Vierge eſt noire pour les Négres & le Métis des colonies

Espagnoles ; blanche pour nous ; affublée de beaucoup de rubans dans nos provinces où l'on aime l'étalage de la parure ; à Héas elle est en simple capulet : chacun lui donne sa couleur & son costume. Mais revenons. Le maître-autel est éclairé de mille cierges qui me montrent deux statues de Notre-Dame. L'une grande de demi-nature, & très-parée, est au-dessus du Tabernacle, hors de la portée du vulgaire ; l'autre de la hauteur de 18 pouces environ, repose sur l'autel. A chaque instant quelque dévôt personnage entre dans le Sanctuaire, s'avance avec beaucoup de révérences & de génuflexions, embrasse la petite statue, la baise sur les deux joues, lui passant ensuite les mains sur la tête, les rabat sur les épaules, & suit le corps jusqu'aux talons. Les hommes se contentent de cette espece de magnétisme, mais les femmes pour prodiguer à la statue leurs tendres caresses, l'enlevent de dessus l'autel ; plus familieres que les hommes, la prennent dans leurs bras. De tems en tems paroissoient aussi quelque *Serviteur* ou *Servante* de Notre-Dame, qui portant un paquet de chapelets de bois, ou d'anneaux de cuivre, au bout d'un bâton, venoit passer & repasser dévôtement son offrande sur la figure de la grande statue d'en haut. De pareilles superstitions font pitié; cependant ces bonnes gens sont plus heureux avec elles, que si quelque demi-philosophe, leur enlevoit par ses obscurs raisonnemens cette naïve confiance & cette antique bonne foi. Après un quart-d'heure de réflexion sur ce riche sujet, elles me conduisent naturellement hors de la chapelle. Je demande M. Marcére à tous les échos? car il n'y a guere ici que les échos qui veuillent ou puissent m'entendre. Tant on paroît avoir d'affaires, & tant mon lengage semble étranger. Cependant le nom de M. Marcére est de tous les idiômes; il frappe au hasard quelque oreille Montagnarde. Le vicaire est averti de ma recherche, il arrive; je lui remets ma lettre, il la lit à la hâte sans quitter son surplis; me conduit chez un paysan, à deux pas de distance, me dépose dans sa cabane couverte de chaume, me fait quelques excuses à demiprononcées, & comme un trait, repart pour fa chapelle. La bonne protection ! je fuis vifiblement tout auffi bien recommandé que fi j'étois tombé des nues. N'importe, voici l'occafion d'invoquer les grandes reffources; celles qui dans les divers pays du monde, ne manque jamais leur effet. Je tire ma bourfe, je promets de l'argent. Auffi-tôt de quatre efpece de lits que je vois dans une efpece de chambre, l'un m'eft deftiné; mais cette efpece de chambre eft remplie de toute efpece de gens : quatre-vingt perfonnes au moins, hommes ou femmes, & de différentes vallées la rempliffent au point de ne pouvoir y refpirer. Je me retire doucement dans un autre efpece de chambre à côté de la premiere. On y fait la cuifine ; quelle cuifine grands dieux ! Les pinceaux même de Teniers ou de Calo ne fauroient la repréfenter. Veut-on de la foupe ? elle fera bientôt faite. La marmite part pour aller puifer l'eau du gave ; car jamais on ne vit encore de cruche à Héas; la marmite revenue eft fufpendue fur un feu de genievre, feul bois de chauffage dont on ufe ici ; la marmite va bouillir, grande nouvelle, puifque la foupe eft achevée. Oui, mes amis, le pain déja préparé dans un grand plat de bois, avec une petite boule de beurre, eft inondé d'eau bouillante, voilà le potage ; une gouffe d'ail, un oignon crud, mâché par la cuifiniere, puis craché fur le potage, voilà l'affaifonnement, la derniere façon du traiteur. La foupe eft fervie ; elle eft excellente. On la mange avec des cuilleres de bois qui ont trois ou quatre pieds de diamêtre. Veut-on du pain ? A l'inftant la farine ou de maïs, ou de bled, ou d'avoine, eft détrempée avec de l'eau de gave, bafe éternelle de tous les ragoûts. On nétoie bien vîte le foyer, le gachis eft étendu fur l'âtre, puis recouvert par les cendres, & les charbons de la cheminée. Dix minutes après le pain eft cuit ; on le dévore ; il eft délicieux. Je ne finirois de la journée, fi je voulois vous raconter toutes les dégoûtantes mal-propretés dont je fus ici le témoin, à la pâle lueur de quelques morceaux de bois de fapin, enfoncés dans la muraille, & qui brûloient en guife de flambeaux.

A dix heures du soir, cette scène dure encore. On m'offre du pain dont je ne puis manger, du vin dont je ne puis boire, du fromage dont je ne puis soutenir l'odeur; lorsque mon hôte vient m'avertir, que le lit qu'il me destine, est enfin préparé. Je passe, je jette un coup-d'œil hors de la cabanne. Comment vous peindrai-je la tristesse du ciel ? Les brouillards descendus dans le vallon, l'occupoient dans toute son étendue; & la lune, qui devoit alors éclairer le reste du monde, ne paroissoit à travers les brouillards de Héas, que pour montrer leur existence. C'étoient, je me le figure, à peu de chose près ; les ténébres visibles de Milton (1). Ces vapeurs moitié sombres, moitié transparentes, ces lugubres montagnes, ces eaux mortes & immobiles du lac, cette chapelle isolée,

―――――――――

(1) No light, but rather darkness visible,
  Served only to discover sights ofvoe,
  Regions of sorrow ! doteful shades!
  Paradise lost, Book 1. verse 63.

tout

tout jufqu'au filence abfolu qui régnoit aux environs, tout follicitoit le recueillement, infpiroit des idées funêbres, & portoit dans l'ame une forte d'effroi. J'avoue, mes chers amis, que frappé malgré moi, de cette folitude profonde, je penfai que le plus grand miracle que Notre-Dame de Héas eut encore fait peut-être, étoit de m'avoir à fa cour; j'avoue que croyant me dérober au néant dans lequel je me voyois plongé, je regagnai ma chaumiere avec un faififfement, & des impreffions de terreur difficiles à définir: émotions néanmoins bien naturelles, & dont j'aime à me perfuader que vous reconnoîtrez le pouvoir, foit en vous jugeant fufceptibles de les éprouver, foit en vous rappellant de les avoir éprouvées.

Cependant la plus grande partie des Montagnards s'étoit retirée dans les granges voifines. Quelques-uns, les plus dévots fans doute, s'étoient logés dans la chapelle. Il ne reftoit qu'une quarantaine de perfonnes fur le pavé du taudis où je devois paffer la nuit. Je venois de me coucher pour la forme,

K

enveloppé dans mon manteau, lorsqu'il arriva chez mon hôte une outre de vin d'Espagne. Une outre de vin à Héas ! Aussi-tôt la joie éclate, se répand dans la cabane; tout le monde se félicite, tout le monde est éveillé, même dans la chapelle, & dans les granges voisines. On s'avertit mutuellement, on accourt de tous côtés, & l'outre est déposée sous la cheminée de ma chambre. A l'instant, soit par hasard, soit par malice, la malheureuse outre reçoit une blessure, & le vin coule à grands flots. Bruyant débat entre les maîtres de l'outre, & ceux qui lui ont porté le coup mortel. Cris, plaintes d'une part ; murmures, mauvaises raisons de l'autre ; bientôt injures & menaces réciproques. La cabane étoit pleine de carabines & de pistolets ; car presque tous les pélerins de Héas sont armés comme des pandours. Je crus qu'ils alloient s'égorger ; je me préparois sérieusement à abandonner le champ de bataille aux parties belligérantes, lorsque les bonnes têtes s'en mêlerent, & pour ramener la paix, décidérent qu'il falloit boire. Cette résolution annoncée par un cri de joie, ne pouvoit trop tôt s'effectuer au gré de ceux qui l'avoient prise. Sur ce, l'on boit, l'on reboit, l'on boit toute la nuit; & le crépuscule blanchissoit déjà les sommets d'alentour, que l'on buvoit encore. Je dévorois du coin de l'œil cette scene bachique. Les manieres, les figures des acteurs, rien ne m'échappoit; si ce n'est leurs propos, que j'étois par fois obligé d'interprêter, faute d'entendre suffisamment leur langage. J'avois laissé le *Sistema vegetabilium* de Linné sur une table près de mon lit. Ce livre fut l'objet de la curiosité générale : il fut ouvert, feuilleté, parcouru mille fois des yeux, avec le rire stupide, l'étonnement & le mépris qui caractérisent si bien le dernier degré de l'ignorance imbécille. Ah ! qu'alors je desirois un compagnon de fortune ! combien nous aurions fait d'excellentes remarques ! combien nous nous serions amusés de ces grotesques tableaux !

Mais il est cinq heures du matin, on se rend à la chapelle, on dit la messe; j'y cours. Quel tumulte ! Là, presque sans exception, personne n'entend ni le Latin, ni le François ; personne ne sait son catéchisme ; personne peut-être ne croit en Dieu ; & tout le monde se précipite en foule à l'autel pour communier, & un Capelan armé d'un gros bâton repousse les fideles assaillans, & il les frappe bien fort en jurant dans l'église, pour y maintenir le bon ordre qui édifie le prochain.

Cette grande ferveur éteinte, & la messe achevée ; je parcours un peu le vallon. Il est, comme je l'ai déja dit, terminé vers l'Est ; par une très-haute montagne revêtue de neige, & où j'ai observé grand nombre de petits glaciers. Du côté du Sud, dans un enfoncement, on voit deux ou trois pics, s'élever en aiguilles. Au nord, ce sont des sommets contigus, arides & chauves ; comme tous ceux de ce solitaire vallon, ils n'offrent à l'œil aucun atôme de verdure. L'unique plante remarquable que j'ai cueillie à Héas, c'est l'*Aconitum Anthora* troisieme espece d'aconit que j'ai trouvé dans les Pyrénées.

Mais quittons ce lieu défolé. M. Mercére

mon protecteur, part pour Gavarnies. Je vais l'accompagner à travers les hautes montagnes qui séparent Héas de ce dernier district.

Quelle route, grands Dieux ! Mais que dis-je ? Il n'y a point de route ici : le voyageur monte, descend, traverse les prairies & les gaves, sans chemins, sans traces, sans autre renseignement ; que la position respective du lieu d'où il vient, & du lieu où il va. M. Pasumot, M. Dusaulx, & vous curieux, amateurs, ou promeneurs de Baréges, je commence à vous féliciter de n'être point du voyage. Ne croyez point cependant que je forme le moindre regret de l'avoir entrepris ; les montagnards & les montagnes me seront plus connus désormais, que je n'aurois pû me flatter de les connoître ; dans cinq cents de nos courses ordinaires. Mais revenons, & partons de Héas. Je repasse sur l'effroyable cahos, avant de gravir les hauteurs qui sont à notre gauche, & que nous devons traverser. Le vicaire parle. — Monsieur ce bloc énorme de granit que vous mefurez, (1) fe nomme *le caillaou de la raillé.* (Lecteur, vous le favez depuis hier), la tradition du pays nous enfeigne que la Sainte Vierge, maintenant domiciliée dans la chapelle de Héas, apparut d'abord fur ce rocher. Je ne crois pas un mot de cette hiftoire ; mais vous voyez avec quel zele, & quelle témérité, ces gens grimpent au fommet de la pierre immenfe, & cherchent avec des marteaux, avec des cailloux, à en détacher quelques fragmens qu'ils emportent & diftribuent comme des reliques ; c'eft en mémoire de l'événement que je viens de raconter. En effet, la roche étoit couverte de pélerins frappant comme des cyclopes. Un plus grand nombre encore étoit agenouillé aux environs de cette roche, tourné vers l'Eft, chantant des litanies ou quelques autres prieres ; & tous ceux qui paffoient fucceffivement en ce lieu, fe profternoient de

---

(1) à peu près quarré, il a fi je m'en fouviens bien, quarante & quelques pieds fur chaque face.

même : aussi-tôt à genoux qu'arrivés, ils commençoient en chœur leurs hymnes d'actions de graces. Tels étoient les derniers hommages que ces bonnes gens rendoient à la chapelle qu'ils alloient perdre de vue. De pareils chants d'adieux retentissoient de toutes parts dans le *sacré vallon*. Ces chants qui retraçoient l'image du culte primitif, répétés par les échos des rochers solitaires, rendus plus imposans sans doute, par le lieu de la scene; par le spectacle du jour naissant, ne laissoient pas, je vous jure, de porter dans l'ame une certaine émotion attendrissante & religieuse, dont je me sentis pénétré jusqu'au point d'en avoir les yeux baignés de larmes. Continuons l'histoire de la chapelle, me dit le vicaire, qui ne voyoit rien, qui ne sentoit rien. Avec plaisir, lui répondis-je, & je le suivois de roche en roche sur le formidable cahos; pour gagner la montagne, d'où se précipitent les gaves dont nous avons déja parlé. La chapelle de Héas, telle qu'elle est, ajouta le vicaire, fut bâtie par trois mâçons; ces trois mâçons étoient chaque jour visités, à leur attelier, par trois chêvres, qui fuivies de leurs trois chevreaux, venoient nourrir ces trois ouvriers de leur lait. Au bout de trois mois, l'édifice étoit prefque achevé, lorfque les trois mâçons, fans doute ennuyés de lait de chêvres, firent la partie de manger, à la premiere occafion, l'un des chevreaux qui toujours accompagnoient leurs meres. mais les chêvres entendirent le complôt, & bien avifées ne reparurent plus ; de forte que les mâçons privés de leur fecours, furent nourris par les habitans des montagnes voifines. Ainfi, lui dis-je, dans la conftruction de votre chapelle, la fainte vierge y fut pour le lait de fes chêvres, les mâçons pour leur tems & leurs matériaux, les habitans pour le fupplément de nourriture de ces ouvriers goulus, & l'édifice fe conftruifit à frais communs : les prêtres vinrent enfuite, & n'ayant rien fourni, profiterent de tout : c'eft dans l'ordre. Le vicaire fourit, & la converfation tomba.

Mais le cahos eft déjà derriere nous. Mon conducteur & moi, montons en traînant nos chevaux par la bride. Ce pont formé avec des pierres entassées au hasard, & que vous avez passé, reprit bientôt le vicaire géographe, se nomme le pont des *Usclats*. Maintenant cette pente rapide s'appelle le *Passet des Glouriettes*. Elle est rude cette montée ; mais elle n'est pas longue..... Enfin nous y voilà. Je respire sur une plaine haute. Le terrein couvert de gazon y présente un plan incliné. Les deux gaves parallèles, dont nous avons déja parlé deux fois, y roulent sans murmure, avec une grande rapidité, sur un lit de granit vif, que la transparence de leurs eaux laisse voir comme à travers d'une glace bien pure. J'ai dit que ces gaves couloient ; mais ce n'est pas donner l'idée de l'égalité d'accélération, de l'apparente tranquillité qu'offre la masse totale de leurs eaux. Je dois dire plutôt qu'ils glissent sans ondulation dans leur lit de granit, & vont ensuite d'un seul trait, d'un seul mouvement, se précipiter dans la vallée. Environné de cîmes très-élevées, la plupart couvertes de neige, je vois ici le granit en place, & le schiste éboulé, phénomene qui contrarie toutes les observations de ce genre que nous avons faites dans ces montagnes. Je n'oserois assurer sans doute qu'il en soit de même sur tous les sommets voisins ; mais je puis certifier que j'ai vu au dessus du *Passet des Glouriettes*, le granit existant en place ; c'est une chose positive, & sur laquelle je ne crains point d'être contredit. Sans aller recourir à d'autres preuves, le lit des gaves jumeaux démontre assez que cette substance primordiale est ici dans toute son intégrité. D'après cette remarque, il seroit possible que dans les Pyrénées les cîmes de la premiere hauteur, (telles sont celles où je me trouve actuellement), fussent différentes à cet égard de celles que nous nommons moyennes, comme celles de Cauteretz & de Barége. Si l'on ne peut le décider affirmativement, toujours est-il vrai que dans les moyennes Pyrénées nous avons vu constamment le granit détaché des sommets, suspendu sur le flanc des montagnes, ou roulé dans les gaves, & que le pic du midi, la plus haute de cette classe, présente le même phénomene, tandis que le granit, encore intact, occupe ici le sommet, & que le schiste argilleux qui le soutient, n'est au plus que dans un état de dégradation manifeste (1). Messieurs les naturalistes, voilà pour vous. Voici pour nous maintenant; c'est-à-dire, pour les simples curieux, pour les amateurs, & pour vous, Mesdames. Donnez, je vous prie, un coup-d'œil à notre petite caravanne. Le vicaire passe le premier, monté sur son cheval; je défile ensuite monté sur le mien; mon guide qui ne jouit plus de ce titre, marche après moi, chargé des plantes & des cailloux, que de tems en tems je lui fais recueillir sur la route. Dans cet ordre

---

(1) Lorsque le schiste qui sert de base au granit, sera totalement éboulé, ou qu'il le sera du moins dans sa plus grande partie, alors le granit s'écroulera, & ces montagnes se trouveront dans le même état où sont aujourd'hui celles dont nous avons parlé; mais comment celles-ci, plus basses que les premieres, sont-elles plus dégradées, pourquoi leur décrépitude semble-t-elle plus rapide? C'est peut-être parce que les neiges occupent moins long-tems leurs sommets.

nous traverſons les gaves à l'endroit nommé le *Clouſet*, & nous entrons dans la prairie appellée *Las Coumes dé Gargantan*. A gauche vous avez la montagne où ces gaves prennent leur ſource, connue ſous le nom de *Staougné* ou de *Pinéde*. Dans cette montagne on trouve un chemin qui conduit en Eſpagne. Tournez-vous vers Héas, vous verrez un pic très-élevé, très-ſec, très-décharné, au pied duquel eſt encore cependant une petite plaine à deux cents toiſes au deſſus de nous. Ce pic ſe nomme *Agudes*, dans la partie où nous ſommes, & *Groute* vis-à-vis la chapelle de Héas. D'autres pics hériſſés de pointes & couverts de neige, s'élevent à nos yeux de toutes parts, mais principalement du côté de l'Eſpagne. C'eſt ici qu'on reconnoit bien viſiblement la diſpoſition des montagnes en amphithéatre, & qu'on compte pour ainſi dire les gradins dont elles ſont compoſées. La chapelle de Héas eſt ſituée dans un vallon déja fort élevée au-deſſus de Gêdres; premier échellon. Nous marchons maintenant dans une plaine, qui vue de Héas, nous paroiſſoit le dernier sommet de la montagne, ce qui forme le second échellon à plus de mille toises de hauteur ; cependant d'autres plaines fort au-dessus de nous, sont encore surmontées par d'autres sommets qui se dominent & se dérobent mutuellement aux yeux du voyageur, l'esprit s'égare dans la considération d'une telle immensité ; il se perd, il s'épuise dans l'observation de ces hautes masses, dont il n'embrasse jamais tous les détails, ni toute l'étendue. Au milieu de tant d'objets nouveaux, & que je ne saurois décrire, je dois me borner à désigner seulement la route que j'ai suivie. Je pénètre donc sous les auspices de mon vicaire, dans *las Coumes dé Cargantan*. C'est une prairie immense, où d'immenses troupeaux espagnols paissent tranquillement, surveillés par quelques chiens couchés auprès de leurs maîtres : ces maîtres, pour la plupart, étendus devant leurs cabanes, me semblent endormis. Le vicaire, discoureur, fait monter les têtes des bestiaux qui couvrent la prairie, au nombre de 20,000 ; mais ces bestiaux me semblent innombrables. Pourquoi nos François n'ont-ils pas la même industrie ? pourquoi ne mettent-t-ils pas à profit, comme les Espagnols, les vastes pâturages de leurs montagnes, qu'ils laissent en non-valeur, ou qu'ils afferment aux étrangers ? nous dépassons les troupeaux. Le terrain devient plus escarpé, plus stérile : en marchant nous causons. Le vicaire me raconte que la dévotion de Héas terminée, on ne voit plus personne aux environs, à la réserve de quelques misérables bergers qui gèlent dans leur chaumieres, ensevelies sous la neige. Il ajoute, pour me faire entendre à quel point cette Notre-Dame est abandonnée, après sa fête de l'Assomption, il ajoute, que s'étant par fois rendu en ce lieu vers le mois de Septembre ou d'Octobre pour y célébrer, au risque de périr en route, quelque messe de commande, il avoit souvent vu en se tournant vers son clerc, des Isards, des loups & des ours, sur la porte de la chapelle. Quel pays! que notre imagination même ne s'y arrête pas; il vaut mieux encore revenir où nous sommes.

Deux fontaines; *la Hont Blanqua*, &

la *Borde de Marque*, arrosent ces hauteurs. Il faisoit un froid glacial, & nous marchions enveloppés de nos manteaux : le guide que j'avois mené de Barége, ayant voulu monter à cheval, fut obligé de mettre pied à terre.

Cependant nous avançons, conduits par notre vicaire, qui connoit parfaitement tous les détours de ces froides & désertes régions. Bientôt nous nous trouvons à peu-près au-dessus de Gêdres, sur les sommets secondaires qui dominent ce village. Nous parcourons d'un seul coup-d'œil toute la vallée jusqu'à Luz, & depuis Luz jusqu'au territoire de Pierre-Fitte. Admirable perspective ! mais il gèle ; marchons. Tournant à gauche nous passons *la Hont des Hontas*, près de laquelle on voit quelques cabanes isolées. De nouvelles montagnes plus élevées que les premieres se présentent à découvert. *Ossoua* sur notre droite ; derriere *Ossoua*, une autre montagne dont le sommet tout blanc, se perd absolument dans le ciel. Cette derniere, d'une élévation prodigieuse, & telle que je n'en avois pas l'idée, est sans doute celle de *Vignemalle*, à laquelle on donne 1871 toises de hauteur, & qu'on place à peu-près dans la partie où celle-ci fait admirer sa cîme au-dessus des nuages. Mais ce qui m'attachoit le plus dans cette nouvelle chaîne de montagnes qui se développoit à mes yeux, c'étoit d'y reconnoître bien positivement des glaciers semblables à ceux de la Savoye. Il est impossible de s'y méprendre. Ces glaciers, que depuis peu de tems on soupçonne dans les Pyrénées, & qui existent cependant ainsi que dans les Alpes, sont ici trop remarquables pour être méconnus. La neige convertie par les siecles en glace azurée, en glace pour ainsi dire pétrifiée, & qui ne fondra jamais ; une couverture éclatante de neige par dessus, tels sont les caracteres d'après lesquels on reconnoîtra les glaciers, par-tout où le même degré de froid leur permettra de se former de l'un à l'autre pôle. Dans le nombre de ceux que j'ai remarqués aujourd'hui, on donnera sans doute une attention particuliere, ainsi que je l'ai fait moi-même, au plus considérable de tous.

Situé

Situé entre deux montagnes en pyramide très-élevées, il remplit presqu'en entier l'intervalle qui les sépare. Ces montagnes sont au Sud de Gavarnies; nous les voyons en face. Elles furent perdues pour nous, ces montagnes, le 17 du mois dernier, lorsqu'enfoncés dans la vallée, nous ne voyons au-dessus de nos têtes que les sommets secondaires sur lesquels je marche aujourd'hui, & qui nous déroboient la vue des glaciers, ainsi que les cîmes que j'apperçois, dont je n'avois nulle connoissance. Marchant toujours sur les hauteurs qui dominent le chemin de Gêdres à Gavarnies, & le cahos de ce nom, nous observâmes dans un large ravin, apparemment supérieur à l'une des lavanches dont M. Dufaulx décrit les ravages avec tant d'énergie : nous observâmes au-dessous de nous une forêt de sapins renversée dans sa totalité, sans doute, par quelqu'une des violentes tempêtes qui boulversent cette vallée. Abbatus, couchés sur le même côté, dépouillés de leur écorce, desséchés par les météores, ces arbres blanchissoient de leurs ossemens inutiles, le lieu qui les avoit vu naître & périr. A quelque distance de ce terrible monument de la fureur des orages, nous commençâmes à descendre la montagne de *Cromelin* ; c'est ainsi que l'on nomme la partie où nous étions alors. Nous prîmes d'abord par un petit sentier fort rapide, appellé le chemin de *Resquiou* ; ensuite par celui de *Plagno*, nous gagnâmes la trace de la derniere lavanche qu'on rencontre en allant de Gêdres à Gavarnies. Imaginez une route presque toujours horriblement escarpée, embarrassée de rochers, d'arbres renversés, pleine de précipices creusés dans le sol en formes de vastes sillons, & s'il est possible, jugez la fatigue que nous dûmes éprouver pendant une descente qui dura cinq quarts d'heure, en conduisant nos chevaux par la bride à travers tant d'obstacles & de difficultés. Enfin, après bien des sueurs, bien des peines, nous voilà parvenus sur le chemin de Gavarnies ; dans vingt minutes nous sommes arrivés au village. Le vicaire va chanter sa messe, & je vais me répofer au cabaret. Voulez-vous du pain ? oui ; du vin d'Espagne ? oui ; du beurre? oui ; des fraises ? ah mon dieu oui donnez moi ce qu'il vous plaira. Je mangerai de tout ; même je mangerai tout, tant je suis affamé graces au jeûne de Notre-Dame de Héas ; graces à la promenade que je viens de faire en traversant la montagne. On me sert sur le coin de la table, & je mange pendant une heure. Mais la messe n'est pas achevée ; je vais faire un tour à l'Eglise, & me félicite d'y avoir été. C'est une grand'messe que l'on chante, ce sont des paysans qui la chantent, & qui la chantent parfaitement. Je dis parfaitement dans toute la force & l'étendue de l'expression. Jamais dans les chœurs de nos cathédrales les voix ne sont ni plus justes, ni ne se font entendre avec plus d'ensemble, avec un accord plus soutenu, avec une mélodie plus religieuse & plus touchante. Pendant le *Credo* tous les fideles baiserent dévôtement une petite statue de la Vierge, à la baluftrade du Sanctuaire. La plus part des hommes portoient le manteau espagnol, ou tout au moins la Cape du Béarn ; presque toutes les femmes avoient aussi sur leurs habits un manteau pareil à celui de la jeune fille d'Asté (1), & faisant brûler devant elles le pain de cire jaune sur le tombeau de leurs parens. Ainsi cet usage pieux, que je croyois d'abord particulier à la vallée de Campan, est au moins général dans cette partie des Pyrénées (2) ; au reste, l'église

---

(1) Saturine Jacou. Voyez page 116.

(2) Il s'observe aussi en Espagne, ainsi que j'ai eu occasion de le voir depuis la rédaction de ce journal, dans la relation de Joseph Barreti, que j'ai déja citée. Comme cet Italien a publié son voyage en Anglois, & que je ne sache point que ce voyage ait été traduit, je vais extraire le passage dont il s'agit, & le rapporter en notre langue.

Nous nous arrêtâmes, dit Barreti, un instant à Naval-Moral (*) pour nous reposer, & faire rafraîchir nos chevaux. Pendant que nos conducteurs (*Calesseros*) mangeoient, j'allois visiter une église située près de l'auberge. On y chantoit une grand'messe avec l'accompagnement d'un or-

(*) *Naval Moral* est un bourg situé dans les montagnes de l'*Estramadure* Espagnole.

est disposée comme celle de Gêdres, & fort sombre; il y regne une galerie dans l'intérieur où se placent les hommes: les femmes seules occupent le bas de la nef. J'y ai vu des têtes de morts fort anciennes, conservées sur les poutres, en face de la porte. On dit que ce sont celles de plusieurs templiers tués par les Mores quand ils étoient

gue dont les tuyaux au lieu d'être dirigés vers le haut, comme ceux de tous les orgues que j'ai vus jusqu'ici, étoient inclinés en dehors, sembloient suspendus sur la tête des assistans, & présentoient dans un sens inverse leurs extrêmités évasées, comme celles des trompettes. Un moine touchoit cet orgue avec une habileté surprenante. Etonné de voir dans l'église plusieurs femmes assises sur leurs talons, qui totalement enveloppées d'amples manteaux noirs, avoient allumé, chacune devant elles une suite de petites bougies, & n'ayant pû m'empêcher de demander la raison d'un semblable appareil, on me répondit que ces femmes étoient veuves, & faisoient ainsi brûler ces cierges dans l'intention d'abréger à leurs maris défunts, les épreuves du purgatoire. J'ignore si la quantité de ces petites bougies in-

maîtres de l'Espagne. Il est certain que Gavarnies appartenoit jadis aux templiers: mais sont-ce bien des têtes de templiers qu'on y voit de nos jours ? il est assez difficile de décider ce fait historique, fort ennuyeux de le discuter, & sur-tout très-indiférent de l'approfondir. Au surplus, la cataracte, l'admirable cataracte, paroît tou-

___

diquoient exactement la quantité des maris enterrés : quelques-unes de ces veuves n'avoient qu'un ou deux cierges en perspective ; quelqu'autres en avoient jusqu'à sept ; peut-être le nombre plus ou moins grand des cierges ou bougies allumées, marquoit-il seulement le degré plus ou moins grand de leur dévotion ou de leur affliction respective. A Journey From to genoa, &c. Joseph Barreti. Vol. 11. let. 46. pag. 75.

J'ajouterai aux conjectures de Barreti, touchant ces cierges, que leur usage ou leur destination, pourroient bien n'être pas toujours tellement affecté au repos de l'ame des maris, que leur nombre ne fut quelque fois relatif à celui des parens que ces femmes pouvoient avoir perdus pendant le cours de leur vie.

jours dans sa premiere majesté. Je viens de jouir sans doute au milieu de ces montagnes de spectacles rares & étonnans. Environné de scenes pittoresques, de masses audacieuses, j'ai dû parcourir une suite de tableaux peints à grands traits, dans le style le plus sublime & le plus imposant ; mais quelles que soient la richesse de ces perspectives, la nouveauté de ces objets, la variété des accidens qui doivent résulter de leurs oppositions, de leurs rapprochemens, de leurs proportions, la merveilleuse cataracte est toujours à mes yeux, la plus belle des belles choses que j'ai vue sur le théatre de la nature. La neige s'est cependant beaucoup éloignée de la base des rochers qui forment l'enceinte demi-circulaire que j'ai déja décrite dans mon premier voyage, en sorte qu'il est très aisé maintenant d'approcher la cataracte jusqu'au point où le brouillard qu'elle produit dans sa chûte, inonde, aveugle l'observateur, & que noyé pour ainsi dire dans la cataracte même, il ne sauroit l'appercevoir. Comment se persuader, en la voyant si considérable, qu'elle se précipite néanmoins à près de deux lieues de la place que j'occupe ! je dis toujours, je dis sans cesse, quel immense volume d'eau, puisqu'il offre des dimensions si extraordinaires à une pareille distance ! mais éloignons-nous, arrachons-nous, s'il est possible, à la vue de ce fleuve qui semble tomber des nuages, au spectacle magnifique des accessoires qui l'accompagnent, & qui contribuent avec lui à nous enchaîner dans ce séjour, par la surprise & par l'admiration ? Adieu cataracte ; adieu vaste amphithéatre ; adieu superbes tours de *Marboré*, je vous quitte aujourd'hui pour ne vous revoir, sans doute, de la vie.

Je reviens enfin sur mes pas ; je reprends la route de Barége. En traversant le *Cahos*, toujours même saisissement, mêmes terreurs secrétes ; en revoyant la *Grotte* de *Gédres*, toujours même intérêt ; en repassant le pont de *Cir* & la corniche de l'*Echelle*, toujours mêmes émotions, mêmes réflexions, mêmes idées, mêmes plaisirs ; des lieux si romantiques ne perdent jamais leurs droits sur le cœur de l'homme sensible ;

les revit-il mille & mille fois, ils lui paroîtront toujours nouveaux & toujours dignes d'être revus encore. Mais je suis vis-à-vis de S. Sauveur, je suis hors de la magique vallée de Gavarnies; je suis à Luz. J'entends la sonnerie de l'église paroissiale. Voilà des cloches beaucoup plus belles que je ne l'aurois cru pour une aussi petite ville. De gentilles Citadines passent à l'istant & me font oublier les cloches. Elles portent un long voile blanc à l'espagnole; ce voile d'un tissu très-fin, flote avec grace; il accompagne merveilleusement la démarche aisée de ces jeunes personnes, il fait ressortir la légereté de leur taille, & par sa transparence releve l'éclat de leur teint. De pareils objets, mes chers amis, sont peu faits sans doute pour me rappeller notre inscription : ne m'en demandez donc pas des nouvelles; lorsque je m'en souvins, j'étois déja bien avant sur la route de Barége, où j'arrivai très-fatigué vers six heures du soir.

Le 16, M. Pasumot m'a communiqué une découverte en minéralogie : découverte intéressante, & qu'il a faite depuis quelques jours. C'est le *Liége de Montagne*, & le *Cuir Fossile* des naturalistes, especes, ou variétés, d'Amiante, décrites par Linné sous le nom d'*Amiantus Suber*, & d'*Amiantus caro Montana*, syst. nat. tom. III, p. 56. Ces deux substances sont rares, en conséquence fort recherchées par les curieux. M. Pasumot les a trouvées, pour ainsi dire, aux portes de Barége : j'en ai pris des échantillons. Ceux de l'*Amiantus Suber*, que j'ai plus particuliérement examinés, ont beaucoup de rapports extérieurs avec le liége des boutiques ; mais au premier coup-d'œil ils ressemblent encore davantage à des fragmens d'Aubier, *Alburnum*, à moitié décomposés. Linné dit de cette espece d'Amiante, *particulæ sœpius submerguntur. Ante submersionem in aquâ, eam haurit cum strepitu.* J'ai tenté de faire surnager le liége de montagne ; mais il faut que ses parcelles soient bien petites & bien minces sur-tout pour se soutenir au dessus de l'eau ; encore finissent-elles toujours par s'enfoncer lorsqu'elles sont imbibées. Quant au petit bruit, *strepitu*, dont parle Linné, je ne l'ai distingué qu'autant que les morceaux ont été submergés. Ce bruit m'a paru pouvoir se comparer à celui d'une espece d'ébulition ou d'effervescence.

Ainsi graces à M. Pasumot, l'*Amiantus Suber* & l'*Amiantus Caro Montana* sont maintenant reconnus dans les Pyrénées.

Le 18, M. Dupont, avocat à Luz, dont le mérite & les talens ne sauroient être assez publiés, a remis à M. Dusaulx une notice qu'il a faite sur la topographie, les coutumes, les usages, la culture de la vallée de Barége. Cette notice est excellente. On y voit sur-tout avec chagrin, combien les étrangers qui fréquentent cette vallée dans la saison des eaux, ont perverti les mœurs de ses habitans, & leur ont transmis le poison du luxe. J'ajouterai au mémoire de M. Dupont, qui ne traite que de la vallée de Barége, j'ajouterai seulement que la plupart des anciens usages qui sont tombés en oubli dans cette vallée, se sont conservés dans les montagnes des environs; que je les y ai vu régner presque par-tout avec l'ancien costume pour les hommes : larges culottes ; deux gilets, dont le supérieur est le plus court; robe longue, espece de toge antique; manteau pour les jours de fête ou de cérémonie.

On nous remit copie de l'honorable décrêt par lequel Messieurs les magistrats de Luz, stipulant au nom de la vallée de Gavarnies, acceptent notre inscription pour le passage de l'échelle.

Le 19, M. de Villeneuve & M. Dufaulx sont partis. Je n'oublierai de ma vie les momens agréables dont je suis redevable à leur complaisance, & l'instruction que m'a procurée leur société. Puisse le dernier surtout, avec lequel des rapports particuliers de goûts & d'occupations m'avoient plus intimement lié, voir quelque jour dans cet écrit l'expression de ma reconnoissance, & puisse-t-il se rappeller avec autant de plaisir nos entretiens, nos promenades, nos courses, que j'en trouve à tracer ici ce foible, mais fidele hommage des sentimens que je lui dois!

M. Pasumot me reste encore; mais bientôt, trop tôt sans doute, nous allons nous séparer aussi. Dans trois jours je vais partir pour revoir mes Dieux pénates ; dans cinq il abandonnera lui-même ces montagnes. Ainsi notre petite académie va se dissoudre pour long-tems. Ah ! pour la vie ! jamais peut-être nous ne nous reverrons. Idée triste, réflexion douloureuse qui se présente sans cesse, qui mêle toujours son amertume à nos plus douces jouissances, & sur laquelle il faut toujours glisser.

La matinée paroît belle. M. Pasumot & moi allons faire nos adieux aux montagnes, & leur rendre aujourd'hui notre dernier hommage. En conséquence de ce projet, nous sortons de Barége, munis de nos *spardilles*, de nos grands chapeaux, de nos bâtons ferrés, & sous la conduite du guide Pontis, nous dirigeons notre marche vers le *pic de Lisse*, vulgairement appellé la *Piquette*. Maître Pontis, qui a couru les montagnes voisines avec M. de Lapeirouse, nous entretient sur la route de ce naturaliste, & se vante du marteau dont il lui fit présent. Ce marteau qui lui fut remis par des mains aussi savantes, est, à la vérité, un titre assuré dans les siennes, pour mériter la confiance de tous les minéralo giftes qui viendront déformais parcourir les environs. Allons, maître Pontis, montrez-nous la caverne d'où vous tirez l'*Amiante*; celle où vous trouvez le *Cryftal de roche*; celle d'où vous rapportez le *Schoerl violet*, & l'autre cryftallifation quartreufe que vous nommez le *Schoerl blanc* ? Meſſieurs, dit-il, nous commencerons par l'*Amiante*, & nous y ferons bientôt. Voyez, en attendant, cet efpace, ce creux dans la prairie. Eh bien ! qu'eſt-ce, M. Pontis ? — Meſſieurs, il y a eu jadis une cloche enfevelie dans cet enfoncement, vous pouvez m'en croire. Le diable, comme c'eſt l'uſage pour tous les métaux cachés fous la terre, vous pouvez m'en croire, s'en eſt emparé au bout de cent ans. Vous pouvez m'en croire, un paſteur, il y a quelques années, l'entendit fonner la nuit de Noël dans l'intérieur de la montagne, vous pouvez m'en croire. — Arrêtés par ce merveilleux récit, nous defcendîmes dans l'enfoncement indiqué. Nous y reconnûmes vers le milieu une étendue de 12 à 15 pieds de diamètre, où la terre étoit humide &

mouvante. Nous jugeâmes que le bassin actuellement desséché, offroit dans la saison un réservoir aux eaux de neige, & que ces eaux s'écouloient ensuite dans la montagne par le centre marécageux que nous avions remarqué. A la vérité, cela n'est pas tout-à-fait aussi merveilleux qu'un diable qui sonne une cloche dans le sein de la montagne; mais cependant pour peu *qu'on voulût m'en croire* d'après cette observation, on seroit persuadé que les Pyrénées renferment des excavations des conduits souterrains qui, dans certaines occasions, recélent des eaux courantes. M. Costé venant avec nous de Gavarnies, le 17 du mois dernier, & voyant le grand nombre de torrens, de cascades, de filets d'eau, qui tomboient de toutes parts dans le gave *Béarnois*, sans qu'il parut néanmoins que son volume augmentât en proportion de ces eaux additionnelles, eut l'idée bien naturelle & bien juste, que ce gave devoit perdre à peu près autant d'eau par des dérivations souterraines, qu'il pouvoit en recevoir d'ailleurs dans son cours.

Plus je réfléchis à l'idée de M. Costé,

plus je la trouve vraifemblable. Mais que deviennent ces eaux fouterraines, me dira t-on peut-être ? Ce qu'elles deviennent, répondrai-je ? elles vont former au loin les ruiffeaux, les fources vives, qui fertilifent nos provinces; & voici comme je le conçois.

Je remarque d'abord que les montagnes primitives paroiffent dénuées de femblables excavations, à raifon de leur structure intérieure plus compacte, & plus folide : c'eft donc fur les plateaux inférieurs, fur les fommets fecondaires, que j'affieds mon opinion. Ces fommets, ou plateaux inférieurs, qu'on voit fur le flanc des plus hautes montagnes, doivent fans difficulté leur exiftence, aux éboulemens de ces montagnes principales, qui les dominent encore. Formés de débris, on ne difconviendra point qu'ils font de nature à être facilement pénétrés par l'eau des neiges ; c'eft un fait dont il n'eft pas poffible de douter, pour peu qu'on examine le fond des vallées. Or, je continue, & je dis ; que toute l'eau produite par la fonte des neiges, &
qui

qui filtre dans l'intérieur de ces débris accumulés, ne doit pas se rendre dans les gaves; qu'une grande partie de ce produit se rassemble sans doute dans le sein de la montagne, & forme des torrens cachés; que ces torrens cachés communiquent presque par tout, avec ceux qui coulent dans les vallées; & que, bien loin de fournir à leur accroissement, ils reçoivent au contraire de la part de ces derniers, des augmentations considérables. Il n'y a point ici de supposition gratuite. Faites-vous une idée de la perméabilité des montagnes secondaires, prouvée d'ailleurs aux yeux des observateurs les moins exercés; réfléchissez que le lit des gaves s'élève sans cesse; qu'ils coulent par conséquent toujours au-dessus de la base des décombres qui constituent les montagnes secondaires; & voyez d'après cela combien les torrens qui circulent, ou se précipitent dans l'intérieur de ces montagnes, doivent gagner aisément des niveaux inférieurs à ceux des gaves. Comment vous refuseriez-vous encore à convenir de la chûte intérieure, & cachée

M

des eaux de neige ? Comment pourriez-vous n'être pas persuadés de cette dérivation souterraine soupçonnée par M. Costé : dérivation, que l'inspecteur des lieux, & des objets, me semble démontrer jusqu'à l'évidence.

Nous devons donc reconnoître ici, n'est-ce pas ? une filtration incontestable dans le sein des montagnes secondaires ; puis une déperdition manifeste de l'eau des gaves ; enfin des réservoirs, des lacs, des fleuves souterrains, continuellement entretenus par ces filtrations, par ces déperditions, & qui ne trouvent quelquefois des issues que dans des pays très-éloignés. Telle est certainement l'origine de nos fontaines.

Nous devons aussi soupçonner, qu'avant la formation de ces plateaux inférieurs, les rivieres qui découlent des Pyrénées, étoient plus considérables ; mais que la surface de la terre, dans les provinces voisines, n'étoit point arrosée par les ruisseaux, par les sources qui la vivifient aujourd'hui. C'est donc uniquement à la dégradation de ces montagnes, à l'existence des plateaux secondaires, formés par les débris des sommets primitifs, que vous devez la fertilité, les richesses de vos campagnes. Voilà qui est bien simple, ce me semble, bien à la portée de tout le monde : je le répéte peut-être après mille autres qui ont dit mieux que moi les mêmes choses : cependant je n'ajouterai pas *vous pouvez m'en croire:* il n'y a que Me. Pontis, & très-peu de naturalistes qui puissent s'exprimer ainsi.

Quoiqu'il en soit, nous voilà parvenus à la roche de *l'amiante*, & M. Pasumot examine déja son intérieur. Pour moi que le même degré d'intérêt ne sollicite pas, je me contente de paroître à l'entrée de la caverne, d'où l'on extrait les filets de cette *amiante*, dans les fentes perpendiculaires du schiste argilleux. Plus haut, & bien plus haut, sont les grottes où Pontis va chercher le *Cryſtal*, & le *Schoerl*. Les brouillards qui nous persécutent, & l'affreux escarpement de la montagne, nous empêchent de les visiter. Nous montons cependant jusqu'au niveau de la caverne qui contient le *Cryſtal*; Mais quelques pas qui nous restoient à faire pour l'aborder nous semblerent si périlleux, & les brouillards étoient devenus si épais que nous crûmes devoir renoncer par prudence au projet d'aller plus loin. Maître Pontis, qui fréquente si souvent cette montagne, qui est plus connu de ses compatriotes sous le nom de l'*Homme de la Piquette*, que sous son véritable nom, maître Pontis, que rien n'arrête, va, revient, & nous porte de la terre micacée, dans laquelle se trouvent les crystallisations quartreuses & qui remplit le fond de la caverne (1). Il m'offre ensuite d'aller ceuillir une Saxifrage fleurie dans un rocher si vertical, & tellement inaccessible, que la proposition seule de ce Montagnard téméraire,

---

(1) Je crois que cette terre micacée est plutôt un quartz friable décomposé, analogue à celui dont il est parlé dans les notes sur les montagnes des Pyrénées, à la suite du discours de M. Darcet 73, & qui est indiqué par l'auteur de cette note, comme détrempé dans l'eau, extrêmement doux au toucher, & réduit à l'état de poudre impalpable.

me fait friſſonner. Quelle audace ! un oiſeau même auroit de la peine à s'élever juſqu'à cette hauteur. Nul homme dans le monde, auquel je vouluſſe donner une commiſſion pareille, dût-il me procurer le genre entier des ſaxifrages ; dût-il me rapporter toutes les plantes de l'univers ! allons maître Pontis, abandonnons cette conquête ; montrez-nous la grotte d'où vous tirez le *Schoerl*. — Meſſieurs, il faut monter. Monter encore ! c'eſt bien fort. Cependant après avoir un inſtant réfléchi ſur le plaiſir qu'il y auroit de voir le *Schoerl* en place, nous nous mettons en train d'aller l'obſerver dans ſon domicile, & malgré le brouillard ; mais le ciel ne favoriſe pas notre intrépidité. Le brouillard maudit ſe change en pluie, en bonne & groſſe pluie. C'en eſt fait de la promenade, il faut deſcendre, il faut s'en revenir. Quelques toiſes plus bas une quantité prodigieuſe de bois d'*Airelle Myrtille*, m'arrête quelques minutes ; cependant la pluie redouble, il eſt eſſentiel de ne point s'amuſer en chemin, nous deſcendons avec promptitude l'eſpace d'une heure. Mais nous sommes loin de Barége; nous n'avons point dîné; la pluie semble diminuer un peu. Déployons ici nos provisions. Nous voilà justement sur le bord d'un gave, profitons de la circonstance : elle est favorable. Oui, dînons.

Pendant que nous sommes à table, sur un morceau de granit, sans serviette, sans fourchette, sans assiette, le lecteur apprendra que la course que nous faisons aujourd'hui n'est pas tellement minéralogique que le regne végétal y soit compté pour rien. Lorsque M. Pasumot examinoit sa roche d'*Amiante* je parcourois les environs. Plusieurs belles plantes se trouvent à peu de distance de cette roche, & un peu plus haut sur la droite : le Sabot de Vénus, *Cypripedium Calceolus* ; l'Aster des Alpes, *Aster Alpinus* ; la Driade Octopetale, *Dryas Octopetala* ; l'Anémone des Alpes, *Anemone Alpina* ; la Bénoîte Traçante, *Geum Reptans* ; la Cotoniere Etoilée, *Filago Leontopodium*, & beaucoup d'autres. Cependant la pluie recommence, plions le couvert. Bon soir à l'homme *de la Pi-*

quette, & tâchons de gagner Barége avant la nuit. La déroute précipitée fut heureuse ; à six heures & demi nous étions secs & sûrs, déchaussés & déshabillés dans nos chambres.

Le 20, ma voiture arrive.

Le 21, j'emballe mes pierres, mes plantes ; je fais mes adieux, mes équipages.

Le 22, je pars..... je pars est bientôt dit. A voir la maniere leste dont j'écris ce mot, ce mot qui semble tout-à-coup me rapprocher de vous, on devineroit aisément, mes chers amis, combien il me tardoit de l'écrire. Mais non, je ne pars point, malgré mon empressement, je ne pars point encore ; est-ce que les consuls de Luz ne sont pas venus me prévenir hier qu'on faisoit aujourd'hui l'inauguration de notre inscription au passage de l'échelle ? Est-ce qu'ils n'ont pas eu l'honnêteté de me prier d'y assister ? Est-ce que je puis me dispenser de me rendre à la cérémonie ? L'univers entier voit qu'en l'absence de M. Dusaulx je dois ici, non moi indigne le représenter ; mais du moins paroître à sa place. D'ailleurs les circonstances feront du sujet de ce retardement, celui d'une petite fête, & cette fête ne prolongera mon départ que de deux heures tout au plus. Juste ciel! qu'ai-je dit, une petite fête! Ah! croyez qu'elle n'est pas si petite pour moi, puisque M. de Lauriere & M. Pasumot sont de la partie. Le premier va reconnoître l'inscription à laquelle, en sa qualité de commandant de Barége, il a bien voulu prendre quelque intérêt. Le second oubliant la part qu'il peut réclamer dans l'ouvrage, & comme naturaliste usant de son droit de propriété sur les Pyrénées, fait aujourd'hui les honneurs de ces montagnes à l'étranger qui les a parcourues sous ses auspices, au disciple qu'il y instruisit de ses leçons. Il arrive, nous montons en voiture; elle marche, nous sommes à Luz. A Luz on s'arrête, on descend. J'y recueille en passant quelques Pyrites Cubiques trouvées dans une carriere des environs. Nous nous rendons ensuite au passage de l'échelle. M. de Lauriere y étoit déja avec le premier consul La Fêche, & l'ouvrier qui grava l'inscription. Elle est posée. A quelques fautes d'orthographe près, le travail est assez bien exécuté : nous en sommes contens (1).

Un coup-d'œil à la mine de *Nikel* de *Riou mo* ; un coup de vin d'Espagne chez le bon Cavanions, duquel M. Dufaulx a célébré la demeure rustique, nous revenons à Luz. Le postillon jure qu'il est onze heures, il faut se séparer, il le faut absolument. Nous nous embrassons ; nous nous réitérons mille fois les sermens d'une amitié qui ne finira jamais, & sur la route de Pierre-Fitte nos adieux réciproques se croisent encore dans les airs, long-tems après qu'il ne nous est plus permis de nous entendre.

C'est ici, mes chers amis, que doit enfin se terminer la relation de mon voyage ; c'est ici que ma plume fatiguée se repose, & croit avoir acquitté près de vous tous les engagemens de mon cœur. Cette lettre, qui

---

(1) L'inscription est gravée en lettres blanches sur un espece de schiste noir, dur & compact, auquel il ne manque qu'un degré de consistance & de finesse de plus, pour avoir tous les avantages & toute la dureté du marbre. C'est le *Schistus Tabularis* de Linné, Sist. Nat. 37.

va me dévancer, puisse-t-elle à la fois remplir votre attente & la mienne; puisse-t-elle vous amuser quelques instans, & devenir à vos yeux le gage de ma fidélité, le témoignage assuré de mon zele. Je reviendrai dans notre commune patrie par une route que vous connoissez (1). Elle ne sauroit à la vérité m'offrir des remarques bien importantes; mais le sentiment justifie les moindres réflexions qu'il suggére, il ennoblit les plus petits événemens qu'il raconte, il consacre les plus légeres observations que le hasard lui procure. Je continuerai donc cette derniere partie de mon voyage sur le plan que j'ai suivi jusqu'à ce jour, & que vous m'avez tracé : puisque vous jouissez du droit de tout exiger, n'est-il pas juste aussi que j'aie celui de tout dire ? Ah ! si je ne puis me flatter de mériter l'attention des naturalistes, que rendu près de vous, j'espere du moins exciter votre intérêt, satisfaire votre curiosité; que j'ose attendre de l'indulgente amitié la

---

(1) Par Mirande, Auch & Lectoure,

récompense des travaux que j'entrepris pour elle, & le prix de mon amour-propre sacrifié. Je les trouverai ces dédommagemens précieux, au milieu de votre société, dans ces entretiens où l'intimité se nourrit de la confiance qu'elle inspire ; dans ces momens privilégiés, où le cœur qui ne connoît point de récit frivole, ni d'objet indifférent, accueille les moindres détails, & sait y puiser quelquefois le plus doux charme de la vie.

Adieu, &c. &c.

F I N.

LE BOUQUET DES PYRÉNÉES,

OU

CATALOGUE des Plantes observées dans ces Montagnes, pendant le mois de Juillet & d'Août de l'année 1788.

Disposé selon le Systéme Sexuel.

DIANDRIE. CL. II.
MONOGYNIE.

I. CIRCÉE MAJEURE. La Marck, st. fr.

CIRCÆA *Lutetiana*. Linné, syst. vég.

lieu. Vallée de Campan, & notamment dans l'enclos des capucins de Médons, près Bagnéres.

Oservation. Circée Pubescente. Encyclopédie Méthodique.

2. VÉRONIQUE A ÉPI.
VERONICA spicata.

lieu. Plateaux, ou sommets secondaires.

3. VÉRONIQUE BELLIDIFORME.
VERONICA bellioides.

lieu. plateaux secondaires.

4. VÉRONIQUE DES ALPES.
VERONICA alpina.

lieu. Sommet du Tourmalet, à l'extrêmité supérieure de la vallée de Bastan, ou de Barége.

5. GRATIOLE OFFICINALE.
GRATIOLA officinalis.

lieu. Dans les endroits humides des plateaux inférieurs & des vallées.

6. GRASSETE VULGAIRE.
PINGUICULA vulgaris.

lieu. Endroits humides des environs de

Barêge, & ailleurs dans les hautes montagnes.

TRIANDRIE. CL. III.
MONOGYNIE.

7. VALÉRIANE DIOIQUE
VALERIANA dioica,

lieu. sommets secondaires.

8. VALÉRIANE TRIFIDE. Var.
VALERIANA tripteris. Var.

lieu. Plateaux inférieurs & supérieurs.
Observation. Var. *Foliis caulinis indivisis.*

9. VALÉRIANE CELTIQUE.
VALERIANA celtica.

lieu. sommets secondaires.

10. VALÉRIANE DES PYRÉNÉES.
VALERIANA pyrenaïca.

lieu. sommets secondaires.

11. IRIS BULBEUSE.

IRIS xiphium.

lieu. Déclivité méridionale du Tourmalet ; vallée de Baſtan, ou de Barêge.

Obſervation. Variété B. Xiphion cœruleo-violaces Tourn. inſt. Rei. Herb. 364. Iris bulboſa, anguſtifolia, violacea C. B. pin. 40. Iris bulboſa, violacea, pyrenaïca lob. A D V. Part. 2. 511. Cette plante eſt omiſe dans la flore Françoiſe.

DIGYNIE.

12. AGROSTIS CHEVELU

AGROSTIS capillaris.

lieu. Prairies des plateaux ſecondaires, & des vallées.

13. MÉLIQUE CILIÉE.

MELICA ciliata.

lieu. Plateaux inférieurs.

TÉTRANDRIE. CL. IV.
MONOGYNIE.

14. GLOBULAIRE CORDIFORME.
GLOBULARIA cordifolia.

lieu. Sur les rochers les plus arides des montagnes primitives.

15. GLOBULAIRE RAMPANTE.
GLOBULARIA repens.

lieu. Sur les rochers qu'on rencontre avant d'arriver à l'emphithéatre de Gavarnies & au-dessous de la Pene de l'Heyris.

Observation. Cette plante nommée *Glob. repens* dans la flore Franc. & *Glob. nana* dans l'encyclopédie méthodique, n'est pas si naine que le prétend M. de la Marck. Je possède des échantillons de cette Globulaire, dont la principale racine est de la grosseur du petit doigt. Elle est désignée dans Linné comme une variété de la *Glob. cordiforme* & nommée par Tournefort *Globularia alpina, minima origani folio.* Ins. R. H. 467. Le nom spécifique de *rampante* ne lui convient pas mieux que celui de *naine*, attendu que la Glob. cordif. ayant auffi la tige rampante, il n'eft point exclufif, & peut occafionner des méprifes.

16. ASPÉRULE.

ASPERULA.

lieu. Sommets fupérieurs.

Obfervation. Nov. fpec. *affinis cum afperula arvenfis.* Ce ne fera, fi l'on veut, qu'une variété de l'Afpérule des champs; mais elle n'a point be bractées ou feuilles florales difpofées en collerettes, fes feuilles plus étroites, font très aigues, & fes plus grands individus n'atteignent jamais plus de deux pouces de hauteur.

17. CAILLELAIT NAIN. Enc. met.

GALLIUM pumilum.

lieu. Montagnes primitives.

Obfervation. Cette plante diffère du *Gallium Mufcoïdes*, par la dichotomie de fes péduncules. Ces deux efpeces de caillelait ne fe trouvent ni dans Linné, ni dans la flore Françoife.

18. PIED-DE-LION Commun.

ALCHEMILLA vulgaris.

lieu. Plateaux inférieurs dans les prairies.

19. PIED-DE-LION ARGENTÉ.

ALCHEMILLA argentea.

lieu. Dans les prés & les bois des plateaux inférieurs.

Observation. Le synonime de Tournefort cité dans la flore Franc. & qui se rapporte à celui de Bauch. pin. 326, dont Linné fait mention, m'apprend que le Pied-De-Lion argenté est *l'Alchimilla alpina* de ce dernier auteur. Pourquoi ne point le citer ?

TÉTRAGYNIE.

20. HOUX ÉPINEUX.

AQUIFOLIUM spinosum. L. M.

lieu. Plateaux inférieurs dans les bois.
Observation. *Ilex aquifolium.* Lin.

PENTANDRIE. CL. V.
MONOGYNIE.

21. MÊLINET MINEUR.

CERINTHE minor.

lieu. Montagne d'Arris.

22. VIPÉRINE ITALIQUE.

ECHIUM italicum.

lieu. Route de Toulouse à Lévignac.

23. ARÈTIE DES ALPES. Lin.

ARETIA Alpina.

lieu. Hauts sommets des Pyrénées.
Observation. Cette plante a très-certainement les fleurs jaunes & non bleuâtres ou violettes, comme on le dit dans l'Ency. métho. Seroit-ce une espece ou une variété nouvelle ? M. de la Marck a fondu ce genre dans celui des *Androsaces.*

24. ANDROSACE VELUE.

ANDROSACE villosa.

lieu. Hauts sommets des Pyrénées.

25. ANDROSACE CARNÉE.

ANDROSACE carnea.

lieu. Hauts sommets des Pyrénées.

26. LISIMAQUE DES BOIS.

LYSIMACHIA nemorum.

lieu. Au-deſſus du Tourmalet, en allant de Barége vers Grip.

27. CAMPANULE GLOMERALÉE.

CAMPANULA glomerata.

lieu. Vallées des Pyrénées.

28. CAMPANULE EN ÉPI.

CAMPANULA ſpicata.

lieu. Route de Toulouſe à Lévignac, dans les taillis.

29. CAMPANULE GRANDIFLORE.

CAMPANULA grandiflora. L. M.

lieu. Sous la voûte formée par la pene du l'Héyris, du côté du Midi.

Oſervation. Campanula medium, Lin. vulg. *Violette de Marianne.* Il y a cependant quelque différence dans mon échantillon ; la fleur eſt ſemblable à celle du *Campanula Medium* ; mais les feuilles & la tige ſont pareilles à celles du

Camp. Thirſoïdes Peut-être eſt-ce un effet de la privation d'air occaſionnée par l'eſpece de voûte ſous laquelle j'ai trouvé cette Campanule.

30. CAMPANULE LIGULAIRE.
CAMPANULA ligularis. L. M.

lieu. Montagne de l'Héyris.
Obſervation. Tige baſſe, preſque rampante, uniflore. Ce qui me fait douter que ce ſoit la C. Ligularis de l'Encyclo. méth., ou la Camp. uniflora de Linné, c'eſt que notre plante a quelquefois pluſieurs tiges & que ſa fleur eſt grande & belle. Les ſinus de ſon calice ſont réfléchis.

31. RAIPONCE HÉMISPHERIQUE.
PHYTEUMA hemiſpherica.

lieu. Prairies des plateaux inférieurs.
Obſervation. Rapunculus L. M. Cet auteur fixe l'élévation de ces plantes à 6 ou 7 pouces. Toutes celles que j'ai vues, avoient depuis un pied de haut, juſqu'à 15 pouces & davantage. En général, rien de ſi incertain que les caracteres tirés de la hauteur de la tige; elle varie trop ſouvent par la nature du terrein, l'expoſition, & d'autres circonſtances particulieres ou accidentelles.

32. RAIPONCE ORBICULAIRE.
PHYTEUMA orbicularis.

lieu. Prairies des plateaux inférieurs.

33. CHEVRE-FEUILLE DES BUISSONS.
LONICERA xytosteum.

lieu. Bois des plateaux inférieurs & des vallées.

34. CHEVRE-FEUILLE DES PYRÉNÉES.
LONICERA Pyrenaïca.

lieu. Montagne de l'Héyris.

35. BOUILLON COTONNEUX.
VERBASCUM phylomoides.

lieu. Montagne de l'Héyris.

36. BOUILLON BORRAGINÉ.
VERBASCUM myconi.

lieu. Linné indique cette plante dans les bois des Pyrénées; je l'ai trouvée dans la vallée de Gavarnies, sur les murs du cimetiere de l'église de Gêdres, en fleur, le 17 de Juillet.

Observation. Ce *verbascum* n'est point rapporté dans la flore Françoise. Comme il n'a point encore de nom spécifique dans notre langue ; car je n'imagine pas qu'on adopte aucun de ceux qui lui sont imposés dans la traduction de Miller, je le désigne ici par le nom de *Borraginé* ; sous l'autorité des botanistes.

37. NERPRUN DES ALPES.
R H A M N U S Alpinus.

lieu. Montagne de l'Héyris.

38. NERPRUN BORDAINIER.
R H A M N U S frangula.

lieu. Montagne de l'Héyris.

39. GROSEILLIER DES ALPES.
R I B E S Alpinum.

lieu. Montagne de l'Héyris.
Observation. Groseillier à fruit doux, même fade.

40. VIGNE VINIFERE. (sylvestre.)

Vitis vinifera.

lieu. Dans les halliers qui recouvrent la base des rochers sur le bord du gave Béarnois, en allant de Pierre-Fitte à Luz.

Observation. Vitis silvestris labrusca, Tourn. inst. rei her. 613.

41. PARONIQUE ARGENTÉE.

Illecebrum paronychia.

Lieu. Plateaux secondaires.

DIGYNIE.

42. ASCLÉPIADE BLANCHE.

Asclepias vincetoxicum.

lieu. Vallées, principalement celle de Gavarnies.

Observation. Vulg. *Dompte Venin.*

43. GENTIANE JAUNE.

Gentiana lutea.

lieu. Plateaux secondaires, particuliérement sur l'Héyris.

44. GENTIANE GRANDIFLORE.

GENTIANA acaulis.

lieu. Hautes Pyrénées, plateaux supérieurs.

Observation. J'adopte le nom spécifique de M. de la Marck; attendu que cette belle plante est la seule de son genre à qui cette dénomination peut convenir, & qu'à la rigueur, elle n'est pas plus *acaule* que quelques autres de ses congéneres.

45. GENTIANE DENTÉE.

GENTIANA verna.

lieu. Pic du Midi, Tourmalet, &c.

Observation. Var. Gentiana alpina, Pumila verna minor. Tourn. inst. rei herb. 81.

46. GENTIANE PRÉCOCE.

GENTIANA nivalis.

lieu. Pic du Midi, Tourmalet, &c. hautes montagnes nivales.

47. GENTIANE AMARELLE.

GENTIANA amarella.

lieu. Plateaux inférieurs & supérieurs.

Observation. A fleurs blanches, & quelques individus à fleurs bleues ou violettes.

48. PANICAUT AMÉTHISTE.
ERYNGIUM amethisteum.

lieu. Environs de Barége, & de la marbriere de Campan.

49. RADIAIRE MAJEURE.
ASTRANTIA major.

lieu. Pâturages des sommets secondaires.

50. BUPLEVRE ÉTOILÉ.
BUPLEVRUM stellatum.

lieu. Montagne de l'Héyris.

51. BUPLEVRE FAUCILIER.
BUPLEVRUM falcatum.

lieu. Environs du village de Cers, près de Barége.

Observation. A feuilles en faux. Encyclopédie, meth.

52. BUPLEVRE RANONCULOIDE.

BUPLEVRUM angulosum. Lin.

lieu. Environs du village de Cers, près de Barége.

Observation. Var B, Buplevrum alpinum, angustifolium, minus. Tourn. I. R. H. 310. M. de la Marck a rapporté cette variété du B. angulosum de Linné au B. Ranunculoïdes de l'Encyclopédie meth.

53. LIVÊCHE CAPILLACÉE.

ÆTUSA Meum.

lieu. Sommets secondaires du pic de Leyrey, dans les bois.

Observation. Cette plante intéressante par son odeur agréable & par ses vertus médicinales est un exemple, par les transports qu'elle a éprouvés d'un genre à l'autre, combien il regne encore d'incertitude dans la famille des ombellifères. Elle constitua d'abord un genre à part selon Tournefort inst. R. H. 312, sous le nom de Meum. Linné les réunit aux *Athamanta* dans son *genera* & son *species plantarum*, & puis la plaça avec les *Ætusa* dans son *systema veg.*; enfin M. de la Marck l'a transportée parmi les *Ligusticum*; y restera-t-elle ?

TRYGINIE.

TRIGYNIE.

54. SUREAU A GRAPPE.
SAMBUCUS racemosa.

lieu. Dans les hauteurs au-dessus de Grip, & près de Barége, vers l'Est en remontant la vallée.

TÉTRAGYNIE.

55. PARNASSIE DES MARAIS.
PARNASSIA palustris.

lieu. Plateaux, ou sommets inférieurs ; endroits humides.

PENTAGYNIE.

56. STATICE CAPITÊE.
STATICE armeria.

lieu. Dernier sommet du pic du Midi de Bigorre.

Observation. Gazon d'Olimpe.

O

57. ROSSOLIS A FEUILLES LONGUES.

Drosera longi folia.

lieu. Pic de Leyrey, plateau inférieur.

Observation Les feuilles de cette plante se replient sur les insectes qui viennent sucer l'humeur glutineuse dont elles sont enduites. Il paroit que ce mouvement s'opere par un mécanisme analogue à celui du *Dionea Muscipula*. Voyez à cet égard les ingénieuses réflexions de M. Broussonet dans le journ. de phys. mois de Mai 1787.

HEXANDRIE. CL. VI.
MONOGYNIE.

58. AIL ROSE.

Allium roseum.

lieu. Le long du sentier qui conduit de Barége au village de Cers.

59. AIL A TÊTE RONDE.

Allium sphœrocephalum.

lieu. Le long du sentier qui conduit de Barége au village de Cers.

60. LYS MARTAGON.

LILIUM Martagon.

lieu. Route de Gêdres, & bois des plateaux secondaires.

61. LYS DES PYRÉNÉES.

LILIUM Pyrenaïcum.

lieu. Bois des montagnes secondaires.

Observation. M. Gouan obs. 25, Tourn. inst. R. Herb. 371 & M. de la Marck fl. fr. 886, ont mentionné cette plante; Linné n'en parle point. Elle a beaucoup de rapports avec le lys de pompone dont elle ne diffère que par la couleur, & le nombre des fleurs quelquefois moins considérable. La phrase du sist. veg. relative à cette derniere espece peut faire prendre aisément ces deux plantes l'une pour l'autre, si l'on n'est à portée de consulter le sp. pl. ou quelqu'autre ouvrage de botanique plus étendu. En général Linné a trop négligé, selon moi, les caracteres tirés de la couleur des fleurs. Par cette omission il a rendu souvent ses descriptions incertaines, ou défectueuses.

62. ORNITHOGALE LILIFORME.

Anthericum liliastrum.

Lieu. Pic de Leyrey, plateau ou sommet secondaire.

Observation. Les fleurs de cette plante présentent au premier coup-d'œil l'aspect de celles du *Lilium Candidum genus nullum in tota classe liliacea difficilius determinatur*, dit Linné. L'espece dont nous parlons est une de celles qui embarrasse le plus un Botaniste. Elle a plutôt l'air d'un *Juncus* ou d'une *Graminée* que d'une *Liliacé*. Le caractere qui paroît avoir engagé M. de la Marck à séparer cette plante des *Anthericum*, me sembien médiocre, peut-être valoit-il autant la laisser aller avec ses anciens congéneres: son nom spécifique la distinguoit assez.

63. NARTHEC CALICULÉ. L. M.

Antericum caliculatum.

Lieu. Hautes Pyrénées.

OCTANDRIE. CL. VIII.
MONOGYNIE.

64. ÉPILOBE DE MONTAGNE.
Epilobium Montanum.

lieu. Bois des plateaux inférieurs.

65. ÉPILOBE VELU.
Epilobium hirsutum.

lieu. Vallées, sur le bord des gaves.

66. AIRELLE MYRTILLE.
Vaccinium myrtillus.

lieu. Montagnes stériles.

67. BRUYERE VULGAIRE.
Erica vulgaris.

lieu. Montagnes stériles; plateaux inférieurs.

68. BRUYERE MULTIFLORE.

ERICA multiflora.

lieu. Dans une friche fur la route de Tarbe à Auch, entre Rabaftens & Mirande.

Obfervation. Nous n'ofons affurer que ce foit l'*Erica Multiflora*, quoique la fleur de l'échantillon ait tous les caracteres de cette plante ; mais au lieu d'avoir des feuilles quaternées elles font éparfes fur la tige. Or, on ne connoit jufqu'ici que trois efpeces de Bruyere qui ayent les feuilles éparfes. Deux de ces efpeces font étrangeres ; la 3me. fe trouve bien en France, aux environs de Bayonne ; mais elle differe trop de la nôtre pour pouvoir y être rapportée. Je penfe avec M. de la Marck qu'il y a encore des efpeces de Bruyeres inconnues.

69. LAUREOLE GENTILLE.

DAPHNE Mefereum.

lieu. En allant de Grip à la marbrière de Campan.

70. LAUREOLE DIOIQUE.

DAPHNE dioica. Murray & Gouan. Obs. 27.

lieu. Sommet du l'Héyris, enfoncé dans les rochers les plus arides.

Observation. Comment a-t-on pu rapporter cette Lauréole comme une variété du *Daphne Thimelea* puisqu'elle est Dioique ? N'y eut-il que cette différence essentielle, elle eût dû constituer une espece dans la flore Françoise. L'individu mâle est celui que j'ai observé ; il étoit en fleurs le 3 d'Aout.

71. LAUREOLE ODORANTE.

DAPHNE eneorum.

lieu. Pic du Midi, pic de Leyrey, sur les hautes cîmes.

TRIGYNIE.

72. RENOUÉE BISTORTE.
POLYGONUM bistorta.

lieu. Sur le chemin qui conduit de Bagnéres au village d'Asté.

TETRAGYNIE.

73. PARISETTE A QUATRE FEUILLE.

Paris quadrifolia.

lieu. Montagne de l'Héyris.

DÉCANDRIE. CL. X.
MONOGYNIE.

74. ROSAGE OU ROSACIER FERRUGINEUX.

Rhodondendron ferrugineum.

lieu. Hautes montagnes.

Observation. Les feuilles sont sujettes à être piquées par un insecte ; ce qui occasionne ensuite sur ces mêmes feuilles des especes de gales ou de vessies globulaires, qu'on prendroit au premier coup-d'œil pour les fruits de cette plante, si déja l'on ne connoissoit point leur figure. Ces gales ont un goût sucré assez agréable ; mais il pourroit être dangereux d'en manger.

75. ARBOUSSIER BUSSEROLE.

ARBUTUS uva urſi.

lieu. A deux ou trois cens toiſes d'élévation au-deſſus de Barége, ſur le pic de Leyrey, &c. &c.

76. PYROLE A FEUILLES RONDES.

PYROLA rotundifolia.

lieu. Bois & lieux couverts du pic de Leyrey.

DIGYNIE.

77. SAXIFRAGE Cotyldone & Var.

SAXIFRAGA Cotyledone & Var. p.

lieu. Sur les rochers, & principalement la variété ſur des rochers, la plupart inacceſſibles.

Obſervation. Var. p. *Saxifraga ſedi folio, flore albo, multiflora.* Tourn. inſt. rei her. 252. Plante ſuperbe,

78. SAXIFRAGE MIGNONETTE.

SAXIFRAGA geum.

lieu. Sur les rochers ombragés.

79. SAXIFRAGE OMBRAGÉE.

SAXIFRAGA umbrosa.

lieu. Sur les rochers ombragés.

80. SAXIFRAGE RUDE.

SAXIFRAGA aspera.

lieu. Rochers humides.

81. SAXIFRAGE D'AUTOMNE.

SAXIFRAGA autumnalis.

lieu. Rochers ombragés.

82. SAXIFRAGE GRANULÉE.

SAXIFRAGA granulata.

lieu. Rochers ombragés, un peu au-dessus de Barége, en remontant la vallée.

83. SAXIFRAGE TRIDACTYLE.
SAXIFRAGA tridactylites.

lieu. Dans les vallées, sur les rochers, les murailles.

84. SAXIFRAGE DES GAZONS.
SAXIFRAGA cæspitosa.

lieu. Les rochers.

85. ŒILLET BARBU.
DIANTUS barbatus.

lieu. Rochers arides & élevés.

86. ŒILLET DES CHARTREUX.
DIANTHUS cartusianorum.

lieu. Rochers arides & élevés.

87. ŒILLET FRANGÉ.
DIANTHUS plumarius.

lieu. Sur les hautes montagnes qui gardent la neige neuf mois de l'année.

Observation. Les écailles calicinales ne sont

point petites & arrondies comme le dit Linné. Elles sont au contraire allongées, & se terminent en pointe. Cette plante fournit beaucoup de variétés. Voyez M. de la Marck fl. Fr. 560.

88. ŒILLET DE ROCHE.

DIANTHUS rupestris.

lieu. Rochers.

TRIGYNIE.

89. CARNILLET PENCHÉ.

SILENE nutans.

lieu. Les rochers & les lieux arides.
Observation. Selon l'observation récente de quelques botanistes, cette plante manque de l'appendice florale qui constitue le genre des *Silene* de Linné, & doit appartenir aux *Cucubalus* du même auteur.

90. CARNILLET CONIQUE.

SILENE conica.

lieu. Rochers.

91. CARNILLET CASSEPIERRE.

SILENE saxifraga.

lieu. Rochers.

92. CARNILLET MOUSSIER.

SILENE acaulis.

lieu. Pic du Midi, Tourmalet, pic de Leyrey; sur les sommets primitifs & supérieurs.

Observation. La racine de ce *Silene*, très considérable par rapport au petit volume de la plante; se divise & produit des rameaux élevés en manière de branches qui vont porter des feuilles & des fleurs à la superficie de la terre. Cette racine pourroit être considérée comme une sorte de tige souterraine. La figure 379 de Barrelier représente assez bien cette singularité, je ne sache pas qu'elle ait encore été remarquée des naturalistes.

93. STELLAIRE DES BOIS.

STELLARIA nemorum.

lieu. Lieux couverts des plateaux inférieurs

94. STELLAIRE GRAMINÉE.

Stellaria graminea.

lieu. Lieux couverts des plateaux inférieurs.

95. SABLINE ROUGE.

Arenaria rubra, five media.

lieu. Plateaux supérieurs & inférieurs.

Observation. J'ignore si la fleur est rouge, ayant cueilli la plante défleurie. Il se peut que ce soit l'*Arenaria Media* de Linné, les membranes ou stipules vaginales des feuilles sont très-visibles dans l'échantillon.

96. CERAISTE GRAMINÉ.

Cerastium strictum.

lieu. Plateaux inférieurs.

97. CERAISTE A LONGS PEDUNCULES.

Cerastium manticum.

lieu. Plateaux inférieurs.

Observation. Cette plante n'est point dans la fl, Franc.

DODÉCANDRIE. CL. XI.
TRIGYNIE.

98. RESEDA GLAUQUE.
RESEDA glauca.

lieu. Sur les rochers.

99. RESEDA ÉTOILÉ.
RESEDA sesamoides.

lieu. Sur les rochers arides à la gauche du vallon supérieur qui conduit de Gêdres à Notre-Dame de Héas.

Observation. Seroit-ce une variété ? les individus que j'ai recueillis avoient tout au plus trois pouces de hauteur en plaine fructification.

100. CHERLERIE A GAZONS.
CHERLERIA sedoides.

lieu. Sommets supérieurs du pic du Midi & du pic de Leyrey.

DODÉCAGYNIE.

101. JOUBARBE DE MONTAGNE.
Sempervivum montanum.

lieu. Sur les rochers, & dans les lieux stériles des montagnes.

ICOSANDRIE. CL. XII.
DIGYNIE.

102. ALISIER COMMUN.
Cratægus aria.

lieu. Environs de Gavarnies.

103. ALISIER TORMINAL.
Cratægus torminalis.

lieu. Bois des vallées.

TRIGYNIE.

TRIGYNIE.

104. SORBIER DES OISELEURS.

SORBUS aucuparia.

lieu. Environs de Gavarnies; escarpement à la gauche du vallon supérieur qui conduit à Notre-Dame de Héas, où ces arbres font un superbe effet lors de la maturité de leurs fruits.

PENTAGYNIE.

105. NEFLIER DIGYNE.

MESPILUS, chamæ Mespilus.

lieu. Près de Gavarnies, sur la route de Gêdres.

Observation. Il n'est point rapporté dans la fl. Franc. J'ai cru pouvoir lui donner le nom de *Digyne* en attendant qu'il y en eut un autre dans notre langue, & d'après l'observation de M. Haller qui n'a trouvé que deux pistils dans la fleur de cet arbrisseau.

106. NEFLIER PYRACANTHE.
(buisson ardent.)

MESPILUS *pyracantha*.

lieu. Entre Rabastens & Mirande, dans une friche sur le bord du chemin.

107. SPIRÉE FILIPENDULE.

SPIRÆA *filipendula*.

lieu. Dans les vallées, & prez de Saint-Marthory, en Comminges.

108. SPIRÉE ULMAIRE.

SPIRÆA *ulmaria*.

lieu. Dans les prairies des vallées.

POLIGYNIE.

109. RONSE FRAMBOISIERE.

RUBUS *idæus*.

lieu. Dans les bois élevés de la montagne d'Arris, & ailleurs.

110. POTENTILLE DORÉE.

POTENTILLA aurea.

lieu. Plateaux inférieurs, dans les bois, & les lieux ombragés.

Observation. Il paroit très-vraisemblable que cette plante n'est qu'une variété du *P. Verna*, due aux qualités plus éminentes du sol & de l'air des montagnes. Les feuilles radicales sont quinées, & les caulinaires ternées.

111. POTENTILLE BLANCHE.

POTENTILLA alba.

lieu. Plateaux inférieurs, dans les bois, & les lieux ombragés.

112. BÉNOITE TRAÇANTE.

GEUM reptans.

lieu. Pic de Lisse, au-dessus de la caverne où l'on tire l'amiante.

113. DRYADE OCTOPÉTALE.

DRYAS octopetala.

lieu. Pic de Liſſe, au-deſſus de la caverne d'où l'on tire l'amiante, & ſur le ſommet des plateaux ſecondaires des environs.

POLYANDRIE. Cl. XIII.
MONOGYNIE.

114. PAVOT JAUNE.

PAPAVER cambricum.

lieu. Par-tout, ſur les plateaux ſecondaires, & principalement très-commun ſur les bords des ſentiers, des prairies ou des endroits cultivés.

115. CISTE A FEUILLE DE SAUGE.

CISTUS ſalvifolius.

lieu. Sur le chemin de Toulouſe à Lévignac, dans les taillis.

116. CISTE À FEUILLE DE MYRTHE.

Cistus marifolius.

lieu. Plateaux inférieurs.

Observation. La dénomination spécifique de cette plante me semble mauvaise. Le Myrthe n'a pas la surface inférieure de ses feuilles blanche, ni leur partie supérieure chargée de poils soyeux & couchés comme dans la Pilofelle.

117. CISTE À FEUILLE DE LEDON.

Cistus ledifolius.

lieu. Plateaux inférieurs.

118. CISTUS HÉLIANTHÊME.

Cistus helianthemum.

lieu. Plateaux inférieurs.

TRIGYNIE.

119. ACONIT LYCOTOME.
Aconitum lycotomum.

lieu. Sur le sommet ou la pêne du l'Héyris.

120. ACONIT NAPEL.
Aconitum napellus.

lieu. Commun aux environs de Gavarnies.

121. ACONIT SALUTIFERE.
Aconitum anthora.

lieu. Notre-Dame de Héas.

POLYGYNIE.

122. ANÉMONE HÉPATIQUE.
Anemone hepatica.

lieu. Pic de Leyrey, dans le bois, en montant au sommet du plateau inférieur.

123. ANÉMONE PRINTANIERE.

ANEMONE vernalis.

Lieu. Pic de Leyrey, plateau inférieur.

124. ANÉNOME PULSATILLE.

ANEMONE pulsatilla.

lieu. Sommet du plateau inférieur du pic de Lisse, au-dessus de la roche où l'on recueille l'amiante; & sur le pic de Leyrey.

125. ANÉMONE DES ALPES.

ANEMONE alpina.

lieu. Sommet du plateau inférieur du pic de Lisse, au-dessus de la roche où l'on recueille l'amiante; & sur le pic de Leyrey.

126. ANÉMONE OMBELLÉE.

ANEMONE narcisiflora.

lieu. Pic de Leyrey, plateau inférieur.

127. ATRAGENE DES ALPES.

Atragene alpina.

lieu. Pic de Liffe, au-deffus de la caverne où l'on trouve l'amiahte.

128. PIGAMON MINEUR.

Thalictrum minus.

lieu. Environs du village de Cers, près Barége.

129. PIGAMON A FEUILLES D'ANCHOLI.

Thalictrum aquilegifelium.

lieu. A l'entour de Barége.

130. RENONCULE DES PYRÉNÉES.

Ranunculus pyrenæus.

lieu. Hauts fommets du pic de Leyrey.

131. RENONCULE VENIMEUSE.

Ranunculus thora.

lieu. Au deſſous du Tourmalet, en allant vers Grip.

Obſervation. Mal nommée; parce que les plantes de ce genre ſont toutes plus ou moins venimeuſes.

132. RENONCULE AMPLEXICAULE.

Renonculus amplexicaulis.

lieu. Hauts ſommets du pic de Leyrey.

133. RENONCULE A FEUILLE D'ACONIT.

Ranunculus aconitifolius.

lieu. Dans les bois de plateaux ſecondaires.

134. RENONCULE DES FRIMATS.

Ranunculus nivalis.

lieu. Hauts ſommets des Pyrénées.

Obſervation. Je poſſéde pluſieurs échantillons d'une plante qui a le *Facies* du *Ranunculus Ni-*

valis, quoique un peu moins haute & que ses feuilles tant radicales que caulinaires, soient un peu moins profondément découpées. Cette plante n'est cependant point la Renoncule des frimats. Elle est à la vérité sans collerette; mais elle n'a ni nectaires, ni calice, & l'absence de ces caractères la constitue sans difficulté du genre des Anémones. Persuadé de cette idée, j'ai cherché dans Linné, Tournefort, l'Ency. méthodique, mais je n'ai rien trouvé dans le genre des Anémones, qui se rapportât à mes échantillons. Si je ne me trompe, la plante dont il s'agit, est encore inconnue des botanistes, & fait la chaîne qui lie les Renoncules aux Anémones. Elle a été cueillie sur les Alpes du Dauphiné.

DIDYNAMIE. CL. XIV.
GYMNOSPERMIE.

135. GERMANDRÉE SAUVAGE.
TEUCRIUM *scorodonia*.

lieu. Dans les vallées.

Observation. Par un de ces abus qu'on ne peut concevoir, sur-tout après avoir lu les judicieuses réflexions consignées dans la préface de la Flore Françoise, page 86, le *Teucrium Sco-*

ronia de Linné reçoit chez nous le nom spécifique le plus singulier qu'on puisse imaginer pour une plante. De pareilles épithetes sont-elles applicables à des végétaux, qui par leur nature ne ne peuvent être ni sauvage ni civilisés?

136. GERMANDRÉE DES PYRÉNÉES.

Teucrium Pyrenaïcum.

lieu. Plateaux inférieurs, principalement au Nord, & tout près du bourg de Barége.

137. SARIETTE DE MONTAGNE.

Satureia montana.

lieu. Sur les rochers en allant de Barége au village de Cers, & au passage de l'Echelle sur la route de Gêdres.

138. CRAPAUDINE DE MONTAGNE.

Sideritis montana.

lieu. Plateaux inférieurs, lieux arides.

139. CRAPAUDINE indéterminée.

lieu. Plateaux inférieurs, lieux arides.
Observation. Je prendrois volontiers ce *Sidéritis* pour le *Scordioïdes*, s'il n'avoit les fleurs rouges.

140. MENTHE SAUVAGE.
MENTHA sylvestris.

lieu. Sur le bord des gaves.
Observation. Encore le nom spécifique de *Sauvage* ! pourquoi ne pas le changer en celui de Sylvestre ? il est, ce me semble, tout aussi significatif que le premier, & plus raisonnable.

141. BÉTOINE ALOCUPEROIDE.
BETONICA alocuperos.

lieu. Plateaux inférieurs.
Observation. Bétoine jaune, fl. franc.; B. alocuperoïde, Enc. méth.

142. STACHIDE DES ALPES.
STACHIS alpina.

lieu. Dans les bois élevés.
Observation. Epiaire, Flor. Franc.

143. STACHIDE COUCHÊE.
STACHYS procumbens.

lieu. Lieux arides des plateaux inférieurs.
Observation. Je trouve à ma plante tous les caracteres qui peuvent lui convenir; les bractées seulement me semblent plus épineuses qu'elles ne doivent l'être d'après les descriptions. M. de la Marck la rapporte au *Sideritis Hirsuta* Fl. Franc. 426. Il y a dans ce dernier genre & dans celui des *Stachys* des ambiguités qui se représentent sans cesse, & qui embarrassent beaucoup les Botanistes.

144. THIM CILIÉ.
THYMUS zigis.

lieu. Plateaux inférieurs.

145. THIM SERPOLET.
THYMUS serpilium.

lieu. Plateaux inférieurs.

146. CALEMENT DE MONTAGNE.
MELISSA calamintha.

lieu. Plateaux inférieurs.

147. BRUNELLE VULGAIRE.

BRUNELLA vulgaris.

lieu. Plateaux inférieurs.

148. BRUNELLE GRANDIFLORE.

BRUNELLA grandiflora.

lieu. Plateaux inférieurs; j'ai commencé à la trouver près de Montréjeau.

Observation. Pourquoi ne pas faire de cette plante une espece particuliere, comme Tournefort. Inst. rei. herb. 182 ? la grandeur constante de sa corolle la rend assez remarquable.

ANGYOSPERMIE.

149. MÉLAMPYRE CRÊTÉ.

MELAMPYRUM cristatum.

lieu. Bois taillis sur la route de Toulouse à Lévignac.

250. MÉLAMPIRE DES CHAMPS.

Melampyrum arvense.

lieu. Bois taillis sur la route de Toulouse à Lévignac.

151. PÉDICULAIRE DES BOIS.

Pedicularis sylontica.

lieu. Dans les bois des plateaux inférieurs.

152. PÉDICULAIRE CHEVELUE.

Pedicularis comosa.

lieu. Plateaux inférieurs.

153. MUFFLIER DES ALPES.

Antirrhinum alpinum.

lieu. Plateaux inférieurs sur les rochers.

154. MUFFLIER MOLLET.

Antirrhinum molle.

lieu. Sur les murs du cimetiere de l'église

de Gêdres; vallée de Gavarnies; fleuri le 17 Juillet.

Observation. Cette plante n'est point rapportée dans la Flore Françoise. Linné dit qu'elle croît en Espagne; l'église de Gêdres n'en est pas loin.

155. SCROPHULAIRE MULTIFIDE.

Scrophularia canina.

lieu. Le long des chemins dans les vallées.

156. DIGITALE POURPRÉE.

Digitalis purpurea.

lieu. Près de l'Escalette, en allant du Tourmalet à Grip; ainsi qu'aux environs de la marbriere de Campan.

157. DIGITALE JAUNE.

Digitalis lutea.

lieu. Vallée de Gavarnies, & avant d'arriver au *cahos* de Notre-Dame de Héas.

158. ÉRINE DES ALPES.
ERINUS alpinus.

lieu. Dans les rochers humides des plateaux inférieurs.

159. OROBANCHE MAJEURE.
OROBANCHE major.

lieu. Prez & bois des plateaux inférieurs.

TÉTRADYNAMIE. CL. XV.
SILICULEUSE.

160. PASSERAGE DES ALPES.
LEPIDIUM alpinum.

lieu. Hautes Pyrénées.

161. IBÉRIDE AMERE.
IBERIS amara.

lieu. Plateaux inférieurs ; vallées.

SILIQUEUSE.

162. DENTAIRE QUINTE-FEUILLE.

Dentria pentaphyllos.

lieu. Montagne de l'Héyris, plateaux inférieurs dans les bois, ou montagne d'Arris.

163. ARABETTE BELLIDIFORME.

Cardamine bellidifolia.

lieu. Plateaux inférieurs, bois & lieux ombragés.

Observation. Incertain entre cette espece & le *Resedifolia.*

164. ROQUETTE SAUVAGE.

Brassica erucastrum.

lieu. Plateaux inférieurs, bois, lieux & vallées ombragées.

165. CAMELINE A MASSETTES.

BUNIAS erucago.

lieu. Chemin de Toulouse à Lévignac.
Observation. Myagrum clavatum. Fl. Franc. 509, Myagrum erucago, Encyclopédie méthodique.

MONADELPHIE. CL. XVI.
DÉCANDRIE.

166. GÉRANION LIVIDE.

GERANIUM pheum & fuscum.

lieu. Dans les bois des plateaux inférieurs, & sur le bord des gaves.
Observation. M. de la Marck a réuni ces deux especes de Linné sous le nom de *Geranion livide.*

167. GÉRANION DES BOIS.

GERANIUM sylvaticum.

lieu. Dans les bois des plateaux inférieurs, & sur le bord des gaves.

168. GÉRANION LUISANT.

GERANIUM lucidum.

lieu. Dans les bois des plateaux inférieurs, & sur le bord des gaves.

169. GÉRANION SANGUIN.

GERANIUM sanguineum.

lieu. Dans les bois des plateaux inférieurs, & sur le bord des gaves.

Observation. Je n'ai point rencontré dans les montagnes qui bordent la vallée de Barége *le Geranium Striatum*, bien qu'il y soit indiqué par M. l'abbé P***.

POLYANDRIE.

170. MAUVE ALCÉE.

MALVA alcea.

lieu. Dans les vallées ; environs de Lourdes & de Tarbes.

DIADELPHIE. CL. XVII.
DÉCANDRIE.

171. BUGRANE GLUANTE.

ONONIS natrix.

lieu. Plateaux inférieurs.

172. BUGRANE DES CHAMPS.

ONONIS arvensis.

lieu. Plateaux inférieurs & vallées.

173. CORONILLE DES JARDINS.

CORONILLA emerus.

lieu. Vallées & plateaux inférieurs.

174. CORONILLE BIGARÉE.

CORONILLA variegata.

lieu. Vallées & plateaux inférieurs.

Observation. On accuse dans l'Encyclopédie méthodique l'auteur du spec. de la nature, d'avoir pris la Coronille bigarée pour le Sainfoin commun. J'avoue qu'il m'est impossible de trouver dans la page 23 du 3e. vol., citée par M. de la Marck, & même dans tout le 17e entretien, la moindre chose qui me paroisse justifier une pareille allégation.

175. FER-A-CHEVAL Multisiliqueux ou vivace.

HYPPOCREPIS multisiliqua, sive comosa.

lieu. Sur les rochers qui bordent le sentier en allant de Barége au village de Cers.

Observation. Lors de la rédaction de ce catalogue, j'avois égaré les échantillons de cette espece d'*Hyppocrepis* ; ne l'ayant plus sous les yeux, je n'ai pu le citer que d'une maniere incertaine. Si néanmoins ma plante est, comme je crois m'en souvenir, l'*Hyppocrepis Comosa*, les fleurs sont sans doute pédunculées ; mais je me rappelle que ses péduncules sont bien courts. M. de la Marck a dit qu'ils étoient plus longs que les feuilles. Veut-il parler de la hampe, ou péduncule radicale, qui supporte la tête florale ? En ce cas, le caractere dont il s'agit seroit le même pour toutes les especes du genre.

176. ASTRAGALE DE MONTAGNE.

ASTRAGALUS montanus.

lieu. Sommets des plateaux inférieurs.

177. TRÉFLE DES ALPES.

TRIFOLIUM alpinum.

lieu. Sommets des plateaux inférieurs.

178. LOTIER SILIQUEUX.

LOTUS siliquosus.

lieu. Prairies des plateaux inférieurs.

POLYADELPHIE. CL. XVIII.
POLYANDRIE.

179. MILLE-PERTUIS BACCIFERE.

HYPERICUM androsæmum.

lieu. Montagnes de l'Héyris & d'Arris, dans les bois.

180. MILLE-PERTUIS ÉLÉGANT.

HYPERICUM pulchrum.

lieu. Plateaux inférieurs, bois de l'Arris, ainsi que des autres montagnes.

181. MILLE-PERTUIS MONNOYER.

HYPERICUM nummularium.

lieu. Plateaux inférieurs, bois de l'Arris, ainsi que des autres montagnes.

SINGÉNÉSIE. CL. XIX.
POLYGAMIE.

182. LAITRON LAMPSANIER.

SONCHUS lampranoïdes.

lieu. Dans les bois de la montagne d'Arris, endroits couverts & humides.

Observation. M. Gouan l'a rangé parmi les *Hieracium.*

183. ÉPERVIERE DES ALPES.

HIERACIUM alpinum.

lieu. Hauts sommets.

Observation. Il peut y avoir quelque doute relativement à l'échantillon de cet *Hieracium*. Peut-être appartient-il à l'*Hieracium aureum* de M. de la Marck. En général, les variétés de ces deux especes sont si nombreuses, qu'on ne trouve rien de certain, ni d'exclusif, dans les descriptions qu'en ont données les auteurs.

184. ÉPERVIERE DES MURS.

HIERACIUM murorum.

lieu. Sommets des plateaux inférieurs sur les rocailles.

Observation. Les variétés de cette espece sont encore plus nombreuses que celles de la plante précédente.

185. CHARDON FRISÉ.

CARDUUS crispus.

lieu. Dans les vallées.

186. QUENOUILLETE ARTICHAUT.

CNICUS centauroïdes.

lieu. Bois des plateaux inférieurs.

Observation. J'adopte ici la dénomination spécifique de M. de la Marck. Cette plante étant si semblable à l'Artichaut commun qu'il est très-possible de s'y méprendre au premier coup-d'œil, & avant d'avoir examiné les parties de la fructification.

Ce *Cnicus* se rapproche bien plus de l'Artichaut commun que d'aucune Centaurée.

187. CARLINE SANS TIGE.

CARLINA acaulis.

lieu. Sommets ou plateaux inférieurs.

Observation. Cette superbe plante ne peut être, rigoureusement parlant, dite *Sans tige*; attendu que sa fleur n'est pas sessile; mais qu'elle est réellement supportée par une espèce de *Hampe*, qui quoique très-basse à la vérité, se divise quelquefois, & produit même alors des fleurs latérales.

188. CARLINE DES PYRÉNÉES.

CAREINA Pyrenaïca.

lieu. Sommets ou plateaux inférieurs, très-abondante dans les environs de Gavarnies.

Observation. Cette plante est horriblement hérissée d'épines. Elle n'est point dans la flore Françoise.

189. CACALIE RÉNIFORME,

& CACALIE à feuille de Pétasite.

CACALIA alpina.

lieu. Montagne de l'Héyris.

Observation. Les feuilles ne sont point cotoneuses en dessous. Les espèces herbacées de ce genre ont besoin d'un nouveau travail. Que devient dans l'Enc. méth. *le Cacalia Alliaria* de M. Gouan rapporté comme synonime dans la fl. Françoise ?

POLYGAMIE SUPERFLUE.

190. TUSSILAGE DES ALPES.

TUSSILAGO alpina.

lieu. Plateaux, ou sommets inférieurs.

191 ASTER DES ALPES.

ASTER alpinus.

lieu. Sommets inférieurs du pic de Lisse, vulgairement la Piquette, un peu au-dessus de la caverne d'où l'on tire l'Amiante.

192. VERGE D'OR COMMUNE.

SOLIDAGO vulgaris. L. M.

lieu. Bois de l'Héyris.

Observation. Pourquoi M. de la Marck n'a-t-il pas cité le nom spécifique de Linné, en rapportant les synonimes de Tournefort, ou plutôt des Bauchins ?

193. BUPHTALME ÉPINEUX.
Buphtalmum spinosum.

lieu. Vallées.

POLYGAMIE FRUSTANÉE.

194. JACÉE AILÉE.
Centaurea montana.

lieu. Sommet, ou pene de l'Héyris.

195. CENTAURÉE SCABIEUSE.
Centaurea scabiosa.

lieu. Vallées.

196. CENTAURÉE DES PREZ.
Centaurea jacea.

lieu. Plateaux inférieurs.

197. CENTAURÉE GALACTITE.
Centaurea galactites.

lieu. Sur le bord du chemin depuis Valence en Agénois jusqu'à Martres, au-dessous de Toulouse, vers les Comminges.

Observation. Cette plante est rapportée dans la fl. Franc. sous la dénomination de *Calcitrape Galactite*, & dans l'Enc. métho. où le genre des Calcitrapes n'existe plus, elle se retrouve avec les Centaurées. Tournefort & les anciens botanistes, ayant moins considéré sa fructification que ses feuilles épineuses, en avoient fait un chardon.

198. ARNIQUE DE MONTAGNE.

ARNICA montana.

Lieu. Sur les bords escarpés du lac de Onché, au pic du Midi.

Observation. J'indique ici cette plante sur la foi de M. Pagés Apothicaire major à Barége.

POLYGAMIE NÉCESSAIRE.

199. COTONNIERE ÉTOILÉE.

FILAGO leontopodium.

lieu. Pic de Lisse, vulgairement appellé la *Piquette*, un peu au-dessus de la caverne d'où l'on extrait l'amiante.

Observation. Le nom spécifique de *Stellata* que M. de la Marck donne à cette belle plante, lui convient mieux que celui dont Linné s'est servi pour la désigner dans ses ouvrages. Ne faudroit-il pas aussi changer ici le nom du genre qui doit être suivant les judicieuses remarques de M. de la Marck le moins significatif possible ?

MONOGAMIE.

200. VIOLETTE CORNUE.
Viola cornuta.

lieu. Sommets ou plateaux inférieurs.

201. VIOLETTE TRICOLOR.
Viola tricolor.

lieu. Sommets ou plateaux inférieurs.

GINANDRIE. CL. XX.
DIANDRIE.

202. SATIRION NOIR.
Satyrium nigrum.

lieu. Bois des plateaux inférieurs.

203. OPHRIS NID D'OISEAU.

Ophris nidus avis.

lieu. Bois des plateaux inférieurs.

204. OPHRIS DOUBLE FEUILLE.

Ophris ovata.

lieu. Plateaux inférieurs, lieux couverts & ombragés.

Observation. Ophris bifolia, la Marck. fl. Fr.

205. HELLEBORINE à feuilles larges.

Serapias latifolia.

lieu. Pic de Lisse, vulg. la Piquette.

206. SABOT DE VÉNUS.

Cypripedium calceolus.

lieu. Pic de Lisse, vulg. la Piquette, & au-dessous du lac d'Escoubou, ou Escougou, sur la foi de M. Pagés.

Observation. Vénus n'a jamais été négligée des botanistes; on trouve dans leur repertoir le Sabot, le Miroir, les Cheveux, le Peigne, le Nombril de cette Déesse.

MONŒCIE.

MONŒCIE. CL. XXI.
TETRANDRIE.

207. BOULEAU COMMUN.

BETULA alba.

lieu. Dans les bois des vallées des plateaux inférieurs, & des sommets supérieurs. *Observation.* Bouleau blanc. Fl. Franc. 180.

208. BOIS ARBORESCENT.

BUXUS arborescens.

lieu. Très commun dans la vallée de Gavarnies, depuis le remarquable passage de l'Echelle jusqu'à Gêdres.

PENTANDRIE.

209. GLOUTERON ÉPINEUX.

XANTHIUM spinosum.

lieu. Sur la route de Saint-Gaudens à Montréjeau ; un seul individu.

POLYANDRIE.

210. CHÊNE ROURE.

QUERCUS robur.

lieu. Dans les vallées & bois des plateaux ou sommets inférieurs.

Observation Il n'est pas bien commun dans les vallées, & l'est encore moins dans les bois des plateaux inférieurs, presque tous formés de hêtres ou de bouleaux dans la partie que j'ai parcourue.

211. HÊTRE CHATEIGNER.

FAGUS castanea.

lieu. Vallées & bois des sommets inférieurs.

212. HÊTRE FORESTIER.

FAGUS sylvatica.

lieu. Bois des plateaux ou sommets inférieurs.

MONADELPHIE.

213. PIN DE MONTAGNE.
PINUS cembra.

lieu. Forêts des sommets supérieurs.

214. PIN ÉLEVÉ, (Sapin.)
PINUS abies.

lieu. Hautes forêts à mille toises au-dessus du niveau de la mer.

DIŒCIE. CL. XXII.
DIANDRIE.

215. SAULE POURPRE.
SALIX purpurea.]

lieu. Sur le bord des gaves.

216. SAULE RÉTICULÉ.
SALIX reticulata.

lieu. Pic de Leyrey, sommet du plateau inférieur & au-dessus.

217. SAULE MYRTILLIN.
SALIX myrtilloïdes.

lieu. Plateaux inférieurs.

218. SAULE RAMPANT.
SALIX repens.

lieu. Sommet des plateaux inférieurs.

POLYGAMIE. CL. XXIII.
MONOECIE.

219. VÉRATRE BLANC.
VERATRUM album.

220. ÉRABLE PLATANIER.
ACER platanoïdes.

lieu. Environs de Grip; enclos des Capucins de Medons, près de Bagnéres.

Observation. Érable Plane, Encyclopédie mét.

CRYPTOGAMIE. Cl. XXIV.
FOUGERES.

221. ACROSTIQUE SEPTENTRIONALE.
Acrosticum septentrionale.

lieu. Hauts sommets, dans les fentes des rochers.

222. POLYPODE LONKITE.
Polypodium lonchitis.

lieu. Dans les rochers élevés.

MOUSSES.

223. LYCOPODE A MASSUE.
Lycopodium clavatum.

lieu. Dans les bois épais; les lieux couverts.

224. LYCOPODE ÉPAIS.
Lycopodium selago.

lieu. Dans les bois épais; les lieux couverts.

225. SPHAIGNE DES ALPES.

SPHAGNUM alpinum.

lieu. Hauts sommets dans les endroits humides.

Observation. Cette espece n'est point rapportée dans la Fl. Franc.

ALGUES.

226. LICHEN DE TERRE.

LICHEN caninus.

lieu. Dans les bois & les lieux couverts des plateaux inférieurs.

Observation. Terrestris, Fl. Franc. Ce Lichen est bien mal nommé, ce me semble : d'autres especes de Lichen viennent à terre comme celui-ci. Quand est-ce que nous aurons des dénominations exactes ?

227. LICHEN PASCAL.

LICHEN pascalis.

lieu. Plateaux inférieurs.

228. LICHEN ENTRELACÉ.
LICHEN plicatus.

lieu. Bois des plateaux inférieurs, sur les troncs & les branches des vieux arbres.

PENTANDRIE.

229. BOLET CALCÉOLAIRE.
Variété. Bulliard. *Herb. de la France,* pl. 360.

BOLETUS calcéolus. Var.

lieu. Sur les sapins de la montagne d'Arris.

Observation. Pédicule latérale; chapeau d'une forme allongée, concave dans son milieu & un peu rabattu sur les bords; substance dure, sèche & ligneuse. Situation horisontale. Les individus de cette variété viennent isolés.

FIN.

www.ingramcontent.com/pod-product-compliance
Lightning Source LLC
Chambersburg PA
CBHW070620170426
43200CB00010B/1854